novum premium

AF164293

JÜRGEN
EICHMEYER

INNENANSICHTEN EINES ALKOHOLIKERS
LEBEN OHNE ALKOHOL

novum premium

www.novumverlag.com

Bibliografische Information
der Deutschen Nationalbibliothek:

Die Deutsche Nationalbibliothek
verzeichnet diese Publikation in
der Deutschen Nationalbibliografie.
Detaillierte bibliografische Daten
sind im Internet über
http://www.d-nb.de abrufbar.

Alle Rechte der Verbreitung,
auch durch Film, Funk und Fernsehen,
fotomechanische Wiedergabe,
Tonträger, elektronische Datenträger
und auszugsweisen Nachdruck,
sind vorbehalten.

Gedruckt in der Europäischen Union
auf umweltfreundlichem, chlor- und
säurefrei gebleichtem Papier.

© 2022 novum Verlag

ISBN 978-3-99130-053-3
Lektorat: Dr. Annette Debold
Umschlagfotos: Daniel Brigginshaw,
Phokin Whansad | Dreamstime.com
Umschlaggestaltung, Layout & Satz:
novum Verlag

www.novumverlag.com

INHALTSVERZEICHNIS

Prolog 7
Der Vater 8
Braunau 11
Görbersdorf 14
Neuer Familiensitz Ostfalen 16
Nachkriegszeit 20
Pickel und Pubertät 24
Schulschwierigkeiten und das Gegenteil 29
Die Lehrzeit 34
Erste Kontakte mit dem anderen Geschlecht 38
Die ersten Berufsjahre 43
Bier und Bundeswehr 46
Der Traum und die bittere Realität 54
Erfahrungen im Schuheinzelhandel 56
Schuhfachschule Pirmasens 59
Im Außendienst 63
Gudrun und Eltern 65
Der Edelmann von eigenen Gnaden 69
Keine Konsequenzen aus der Vergangenheit 71
Fazit aus eigener Sicht 75
Licht am Ende des Tunnels 76
Potemkinsche Dörfer 77
Erste Beschäftigung mit den eigenen Problemen ... 80
Die Anonymen Alkoholiker 83
ANNA 89
Epilog 93

PROLOG

An einem sonnigen Nachmittag in irgendeiner Fußgängerzone saß ein etwa 65jähriger Mann in einem Straßencafé. Er genoss die warmen Sonnenstrahlen und freute sich seines Lebens.

Ihm gegenüber hockte ein anderer Mann auf seinen Knien und bettelte. Der Mann war, soweit man das bei seiner Körperhaltung sehen konnte, bedauernswert abgemagert, schlecht gekleidet und natürlich unrasiert. Ob er schon wieder oder noch betrunken war, konnte der Mann im Straßencafé nicht auf Anhieb beurteilen, obwohl die ausgestreckte Bettelhand erheblich zitterte. Aber der Betrachter konnte intensiv nachempfinden, wie es in dieser Gestalt aussehen musste, weil er auf dem besten Wege gewesen war, auch so abgewirtschaftet dahinzuvegetieren.

Und so dachte Josef Schutzmeyer, welch großes Glück er doch gehabt hatte, den Alkohol in seiner Flasche lassen zu können. Eine der Gott sei Dank vielen Selbsthilfegruppen hatte ihm die Augen und das Hirn geöffnet, um neue Erkenntnisse im Laufe der Zeit in die Realität umsetzen zu können.

Josef dachte, wenn er so weitergelebt hätte, wie das lebende Beispiel ihm gegenüber, würde er schon lange nicht mehr leben.

Josef hat also ohne größere Schäden überlebt. Aber wie kam es überhaupt dazu, sich in die Abhängigkeit zu trinken?

DER VATER

Josef Schutzmeyer wurde in Bad Oexenhausen geboren. Die Familie wohnte in Mühlingsen, einem 3000 Seelen-Dorf vor einem nicht allzu hohen Mittelgebirge in Ostfalen. Es war eine vierköpfige Familie, jedenfalls bis 1945. Josef bekam da noch einen Bruder. Dank seines Vaters haben sie alle nicht mit dem Hunger kämpfen müssen. Zu der Zeit war der Vater Polizist. Zu seinem Revier gehörten einige kleine Dörfer. Er kannte natürlich jeden Landwirt persönlich dort, und deshalb waren die späteren Hamstertouren meistens erfolgreich.

Der Vater, Heinrich Schmutzmeier, hatte sieben Geschwister. Er war der Älteste und sollte den ländlichen Betrieb, nämlich eine Stellmacherei, irgendwann übernehmen. Allerdings war er einerseits hierfür rein körperlich völlig ungeeignet. Er hatte keinen Hang zum Handwerk, obwohl er sehr praktisch veranlagt war. Ihm stand der Sinn nach Besserem, Höherem. Diesen Wunsch in ihm zu wecken, war in der Zeit des 1000 jährigen Reiches nicht schwer. Er war groß, schlank und auch noch blond. Er passte also zu hundert Prozent in das Gedankenschema des Dritten Reiches. Und so war es nicht verwunderlich, dass er sich bei der Polizei bewarb, angenommen wurde und seine Ausbildung auf einer Polizeischule in Hildesheim absolvierte; er wurde in den Beamtenstatus übernommen.

Außerdem wurde er auch Parteimitglied der NSDAP.

Allerdings gab es für ihn einen nicht so positiven Aspekt. Und zwar war das der Name Schmutzmeier.

Der Ausbildungsleiter der Polizeischule hatte sich über den Namen ironisch geäußert. Er hatte nämlich beim ersten sehr militärischen Antreten zur Begrüßung der neuen Schüler vor der gesamten Schülerkompanie gesagt: „Schmutzmeier, machen Sie Ihrem Namen keine Ehre." Das muss dem ehrgeizigen, neuen

Polizeischüler äußerst peinlich gewesen sein, denn fortan wurde die Änderung des Familiennamens betrieben. Aus Heinrich Schmutzmeier wurde Heinrich Schutzmeyer, Meyer natürlich mit Y, um den neuen Namen nochmals positiv aufzuwerten. So wurde Josef schon als Josef Schutzmeyer geboren. Der zwei Jahre ältere Bruder noch als Schmutzmeier.

Und dieser berichtet, dass der Vater bald einen höheren Dienstgrad bei der Partei erreicht hatte. Er war Rechnungsführer der Ortsgruppe Bad Oexenhausen und von seiner Sache sehr überzeugt.

Der Vater von Heinrich, also Großvater von Josef, war Inhaber einer Stellmacherei und Wagenbau. Er war ein Patriarch und sparsam bis geizig. Angeblich musste sich seine Frau sogar ihre Unterwäsche selbst nähen, um Geld zu sparen. Die Methoden des Patriarchen haben wohl dazu geführt, dass Josefs Vater sich im Laufe der Zeit zu einem Menschen entwickelte, der unbedingt meinte, recht haben zu müssen. Wenn der Vater meinte, etwas Schwarzes wäre weiß, dann war es einfacher, dass die Söhne und auch die Mutter Vaters Meinung teilten. Öfter rutschte dem Vater auch die Hand aus. Auch Stockschläge waren damals üblich und wurden sogar toleriert. Die damalige Meinung war: Eine Tracht Prügel hat noch niemandem geschadet.

Unter diesen Umständen konnte der etwas zart besaitete Josef kein ausgeprägtes Selbstwertgefühl entwickeln und neigte eher zu Hemmungen. Dieses mangelnde Selbstwertgefühl und die massiven Hemmungen wurde er bis zur entscheidenden Wende seines Lebens nicht los.

Kurz bevor der Vater seinen Dienst bei der Polizei antreten konnte, kam seine Tuberkulose zum Ausbruch, was ihn hinderte, seinen Dienst aufzunehmen. Seinen Beamtenstatus hatte er aber bereits erhalten.

Zur Genesung wurde er in das damals aufstrebende Heilbad Görbersdorf im Riesengebirge in Schlesien geschickt, um dort seine Tuberkulose auszuheilen.

In Josefs Erinnerungen spielte die Mutter immer eine ausgleichende, beschwichtigende Rolle. Allerdings tat sie gut daran, den Willen ihres Ehemannes zu erfüllen. So hat Josef Zeiten erlebt, in denen der Vater mit seiner Frau ganze vierzehn Tage wenig bis gar nicht sprach. Es gab eben nur einen Chef und vier Untergebene.

Die drei Kinder und die Mutter haben unter diesen Umständen viel zu leiden gehabt.

BRAUNAU

Mutter Maria wurde in Braunau geboren. Braunau war damals eine Kleinstadt im heutigen Tschechien, mit vielen kleineren Ortsteilen um die Stadt herum. Seinerzeit hatte sich dort unter anderem die Tuchmacher-Industrie etabliert. Eine Weberei war beispielsweise in dem Ortsteil Oelberg angesiedelt und später auch in Braunau.

Bei dieser mechanischen Weberei, Kroll mit Namen, war der Vater von Maria im Büro beschäftigt. Franz Speisker arbeitete an einem Stehpult, mit den schwarzen Stulpen aus glänzendem Stoff, die damals üblicherweise zum Schutze der unteren Ärmel des Jacketts getragen wurden. Er trug Schnauzbart und Binokel, wie es damals sehr oft getragen wurde. Franz Speisker war knapp 1,65 m groß, in seinen Augen viel zu klein. Diesen vermeintlichen Mangel versuchte er durch forsches Auftreten auszugleichen. Er ging auch gern einmal in ein Gasthaus, was seiner späteren Frau Maria natürlich nicht gefiel.

Er lernte Maria kennen, als er ein geschäftliches Dokument mit der neuen Geschäftsinhaberin der Weberei, Eleonora Kriesche, besprechen sollte. Anlässlich dieser Besprechung suchte er die Privatresidenz der Firma Kroll auf. Auf sein Klingeln öffnete sich die Tür, und Fräulein Marie Zieper stand vor ihm. Marie Zieper arbeitete im Haus Kriesche als Chefin des Personals.

Anscheinend war es sofort um Franz Speisker geschehen. Aus Erzählungen von Josefs Großtanten Hermine und Johanna hat Franz intensiv um seine Marie geworben. Und forsch wie er war, musste nach nicht allzu langer Zeit geheiratet werden, denn Josefs Mutter Maria (gen. Mimi) war unterwegs.

Allerdings soll es nach der Hochzeitsfeier einen Unfall gegeben haben. Der frisch gebackene und etwas angetrunkene Ehemann soll die Pferdekutsche auf der Heimfahrt in einen Graben gelenkt haben, wobei diese umkippte. Dem jungen Ehepaar und auch dem dritten Mitfahrer, der ungeborenen Mimi, ist Gott sei Dank nichts Ernsthaftes passiert.

Die Geschwister Hermine, Johanna und Marie Zieper stammten aus einer gut situierten, biederen mittelständischen Familie. Alle drei Kinder besuchten das Lyzeum bis zur Matura. Tante Hermine wurde später Prokuristin in einer Chiffonfabrik. Johanna wurde Kindergärtnerin und Marie ging auf eine Haushaltsschule und hatte sich bis zu ihrer Heirat zur Chefin des Personals im Hause Kriesche, der früheren Firma-Kroll-Villa, hochgearbeitet.

Kindergärtnerinnen hat es damals schon gegeben. Allerdings war eine Prokuristin in der damaligen Zeit eine Seltenheit. Auch Hauswirtschafterinnen gab es sicher nicht viele.

Josef erinnert sich an einen Besuch in Braunau. Es muss sich um einen Familienbesuch zu Weihnachten gehandelt haben. Er war damals vier oder fünf Jahre alt, trotzdem kann er sich an die klirrende Kälte erinnern. Es lag hoch Schnee, und der kleine Josef hatte solche Schneemassen noch nie vorher gesehen.

Jedenfalls hatte Tante Hermine zu einer Weihnachtsfeier eingeladen. So traf sich die damals noch vierköpfige Familie aus dem fernen Ostfalen bei der gestrengen Tante Hermine.

Sie war nach der damaligen Mode hoch elegant gekleidet, was ihre strenge Miene noch verschärfte.

Sie trug einen mittellangen Rock und hochhackige geschnürte Stiefeletten. Ihre Hände zierten einige Ringe. Die Bluse der Tante ist Josef in Erinnerung geblieben, weil die Manschetten bis zu den Ellenbogen hoch geknöpft waren. Der hochgeschlossene Stehkragen wurde durch eine Gemme zusammen gehalten. Die Frisur mit der damals modernen, angedeuteten Innenrolle gab der ganzen Person einen äußerst strengen Ausdruck.

Diese strenge Tante Hermine und die Anwesenheit von Vater Heinrich hatten bei Josef ein Gefühl von Hilflosigkeit und Hemmungen hervorgerufen. Dazu kam noch ein Vorfall, der Josef äußerst peinlich war. Und zwar hatte Josef wohl zu viele Weihnachtskekse gegessen. Es wurde ihm schlecht, und er musste sich übergeben. Leider war der Weg zur Toilette unter diesem Druck doch zu lang, und es waren Spuren auf dem Parkettfußboden zu sehen. Josef wäre am liebsten im Boden versunken. Der Vater hat natürlich geschimpft, über Maßlosigkeit geredet und Josef Ohrfeigen verpasst. Zu seiner Verwunderung wurde Josef von Tante Hermine in Schutz genommen. Er hatte das Gegenteil erwartet. Die gesamte Situation war so beschämend für Josef, dass er sie nie vergessen konnte.

Tante Hanni, Josefs Großeltern und Josefs Mutter sind bei diesem Unglück nicht in Erscheinung getreten. Diese Episode, in Josefs Augen diese Katastrophe, fand wohl im Jahre 1944 statt. Der Besuch in Braunau muss Josef stark in Erinnerung geblieben sein, denn als er circa fünfzig Jahre später die Spuren der Vergangenheit suchend wieder dorthin kam, konnte er sich spontan an die Holzkirche im Ort erinnern.

Franz Speiske und seine Frau Marie bekamen in Braunau drei Kinder, wovon Mimi das älteste war. Ihre Brüder Franz und Karl kannte Josef nur als Onkel Franzi und Onkel Karli. Beide studierten nach der Matura. Der eine Chemie, der andere Medizin. Beide wurden seinerzeit, trotzdem sie Sudetendeutsche waren, tschechische Offiziere. Die Säuberungsaktionen der damaligen tschechischen Regierung waren wohl noch nicht angeordnet.

Nach diesen Anordnungen wurde alle Deutschen aus öffentlichen Ämtern und aus dem Militärdienst entlassen. Insgesamt wurden die Deutschen arg diskriminiert.

GÖRBERSDORF

Görbersdorf, heute Sokolovsko, entwickelte sich etwa um 1849 zu einer sogenannten Kaltwasserheilanstalt, die durch den Arzt Hermann Bremer 1854 von der Gründerin Marie von Colomb übernommen wurde. Es wurde ein Sanatorium für Tuberkulosekranke errichtet. Die Kaltwasserkur und die Hydrotherapie wurden hier weiterentwickelt zu einem eigenen Konzept für die Behandlung lungenkranker Patienten.

Gegen Ende des 19. Jahrhunderts hatte sich Görbersdorf bereits zu einem der bedeutendsten Heilbäder Deutschlands entwickelt. Besonders attraktiv war Görbersdorf wegen seiner geografischen Lage.

In dem Tal, in dem Görbersdorf liegt, weht ein ziemlich gleichmäßiger, nicht zu kräftiger Wind, dem die Patienten bewusst möglichst oft ausgesetzt wurden. So wurde eine sogenannte Liegekur entwickelt.

Die besondere Höhenluft, die hohe Staub- und Nebelfreiheit in Verbindung mit Ruhe und guter Ernährung sollten den Heilprozess fördern.

Josefs Mutter wurde in Braunau geboren und besuchte dort die Schulen bis zum Abitur. Danach wurde sie zur chemisch-technischen Assistentin ausgebildet. Sie fand um 1925 eine erste Anstellung im 1920 neu gebauten Siechenhaus in Braunau. Reste der Ausbildungsarbeiten sind Josef noch vor Augen. Es waren da kreisrunde Zeichnungen von Staphylokokken, Streptokokken und vielen anderen Erregern zu sehen. Kreisrund waren diese Zeichnungen deshalb, weil ein Blick durch ein Mikroskop simuliert werden sollte.

Mimi muss wohl ein aufgeschlossenes und humorvolles Mädchen gewesen sein. Sie war bei dem damaligen Verein „Wandervogel" Mitglied und hat den Kindern davon vorgeschwärmt. Josef hat Fotografien aus dieser Zeit noch vor Augen. Mutter

Mimi muss sowieso eine neugierige und reiselustige junge Frau gewesen, denn es existieren Fotos aus den verschiedensten Regionen Großdeutschlands. Es gibt Fotos von Prag, Wien, Königsberg, Rügen usw.

Eine spätere Bewerbung in Görbersdorf, im Sanatorium Dr. Hermann Bremer hatte den gewünschten Erfolg. Hier hat Mimi zehn Jahre gearbeitet, und hier hat sie auch Josefs Vater kennengelernt. Aber Mimi hat auch von anderen Bekanntschaften gesprochen. Dieser große, stattliche, blauäugige Mann muss aber ihr Herz getroffen haben. Sie heirateten im Jahre 1935.

NEUER FAMILIENSITZ OSTFALEN

Die Erinnerungen an die beiden Onkel beginnen eigentlich erst viel später, nämlich nach Ende des Krieges. Die Sudetendeutschen wurden bekanntlich aus ihrer Heimat vertrieben (Beneš-Dekrete). Die Großeltern von Josef mussten flüchten. Herr Beneš, der damalige Regierungschef, soll gesagt haben: „Lasst den Deutschen nur ein Taschentuch zum Weinen."
Die Großeltern flüchteten nach Ostfalen und wurden in Bad Oexenhausen für die nächsten Jahre ansässig, waren aber nie in Ostfalen zu Hause. Trotzdem trat Franz Speisker als passionierter Jäger dem örtlichen Jagdverein bei und fühlte sich auch bald dazugehörig; er wurde als Flüchtling auch akzeptiert.
Die beiden Brüder tauchten erst später wieder auf. Der Mediziner kam erst 1945 aus der Gefangenschaft nach Ostfalen. Er hat eine leer stehende Praxis übernehmen können, weil der frühere Arzt im Krieg gefallen war.
Der zweite Onkel hatte bekanntlich Chemie studiert und hatte sich frühzeitig genug ins Ruhrgebiet abgesetzt, wo er bei einem namhaften Chemiekonzern als Dipl.-Ing. eine Anstellung fand.

Diese beiden Onkel wurden regelmäßig zu Geburtstagen und sonstigen Familienfeiern eingeladen. So hat Josef die beiden so unterschiedlichen Menschen ziemlich genau kennengelernt.
Sehr ehrgeizig waren sie beide.

Für Josef waren diese Besuche immer ein Albtraum. Dies galt auch für seinen zwei Jahre älteren Bruder Peter. Das fünfte Familienmitglied Heinrich Lothar war 1945 geboren und zu dem Zeitpunkt der Onkelbesuche noch zu jung, um diese Besuche unangenehm und beängstigend zu empfinden. Josef und seinem Bruder waren diese Besuche immer hochnotpeinlich. Es war jedes Mal wie eine Prüfung. Heute glaubt Josef, dass diese Besuche etwas Groteskes hatten. Onkel Franzi war auch nicht größer als sein Vater Franz, etwa auch 1,69 m. Vermutlich musste er sich deshalb so eklatant in den Vordergrund drängeln. Bei ihm war alles, vor allem seine eigenen Leistungen, immer erstklassig und großartig, einfach fantastisch. Josef hat den Onkel noch so in Erinnerung, als ob er ihn gestern das letzte Mal gesehen hätte. Wie schon erwähnt war er nicht sehr groß, fühlte sich wahrscheinlich eher klein. Mit seinen streng nach hinten gekämmten, schlohweißen Haaren, den ebenso weißen, sehr buschigen Augenbrauen und der dunkelbraunen Hornbrille sah er sehr respektabel und respektfordernd aus. Er trug nur braune zweireihige Anzüge, Hemden mit doppelter Manschette, die durch goldene Manschettenknöpfe mit schwarzem Onyx zusammengehalten wurde. Natürlich durften die zwiegenähten, mit dicken Ledersohlen versehenen Schnürschuhe nicht fehlen. Es waren immer sehr hochwertige Schuhe der Budapester Form.

So saß er also bei solchen Besuchen in seinem Sessel und examinierte uns Kinder. Josef und sein Bruder wurden immer kleiner in ihren Stühlen. Je mehr Fragen nicht beantwortet werden konnten, desto verunsicherter, desto peinlicher wurde die Situation für die beiden Kinder. Am liebsten wäre Josef davongelaufen. Aber das ging ja auch nicht. Dazu fehlte der Mut, und die Angst vor dem gestrengen Vater war zu groß. So stand oder saß Josef – seinem Bruder ging es nicht anders – wie versteinert da und musste diese Schande, wieder etwas nicht gewusst zu haben, über sich ergehen lassen.

Das groteske dieser Situation wurde dadurch vervollständigt, dass der Vater selbst sich sehr unsicher gegenüber dem Onkel fühlte. Der Vater war, in seinen eigenen Augen, nur Volksschüler und fühlte sich gehemmt gegenüber dem Onkel. Der Vater wollte sich nun besonders gewählt ausdrücken, was natürlich unter diesen Umständen nicht gelang. Es kam öfter zu holperig gesprochenen Sätzen.

Diese Unsicherheit des Vaters wurde natürlich auf die Kinder übertragen. Die Folge davon waren mangelndes Selbstvertrauen und Hemmungen. Josef fühlte sehr viel später immer noch, dass diese Hemmungen eine Behinderung in fast jeder Lebenslage waren. Ständiges Erröten und Schweißausbrüche waren selbst bei den kleinsten und unbedeutendsten Anlässen an der Tagesordnung.

Die Mutter war. auch sehr verunsichert. Sie hat nur manchmal, wenn sie meinte, wir Kinder hätten etwas sehr Schlimmes angestellt, dem Vater davon berichtet.

Wenn dies in der Mittagspause geschah, konnte es sein, dass der Vater sagte: „Du kannst dir schon mal einen Stock schneiden, und wir sprechen uns dann heute Abend."
Den Weidenstock am nahe gelegenen Fluss abzuschneiden war dabei noch die einfachste Übung.

Die Erwartung, abends eine Tracht Prügel zu erhalten, verängstigte Josef stark. Aber auch ziemliche Wut stieg in Josef auf, und es gab keine Möglichkeit, sie abzubauen.

Bruder Peter konnte die Wut besser abbauen als Josef. Einen Hammer mit voller Wucht mehrmals gegen die Kellertür werfen hat ihm dabei sehr geholfen. Auch das Abbrechen des Stockes war für ihn eine gute Methode. Einmal sogar hat er den Schweinestrick, den er vor der Tracht Prügel um das Fußgelenk gebunden bekommen hatte, wild zerschnitten. Der Strick um das Fußgelenk sollte das Weglaufen verhindern.

Aber es gab auch schöne Zeiten in Oexenhausen.

Ganz in der Nähe gab es ein kleines Waldstück. Hier ließ sich blendend Indianer spielen. Meistens waren Schulkameraden und Josef Winnetou und Od Shatterhand. Eine Ntschutschi oder Apanatschi, sprich Mädchen, war damals noch nicht wichtig. Bruder Peter ging damals schon eigene Wege. Zwei Jahre Altersunterschied machen sich gerade im Kindesalter doch sehr bemerkbar.

Zwischen dem Zuhause und dem kleinen Waldstück waren Wiesen und ein kleiner Bach. Einmal haben die Kinder den Bach gestaut und so fast die gesamte Wiese geflutet. Das gab großen Ärger mit dem Wiesenbesitzer. Dieser Ärger ist Gott sei Dank nicht beim Vater gelandet, denn sonst hätte es „langen Hafer" gegeben. Langer Hafer war damals der Begriff für eine Tracht Stockschläge.

Eine kleine Zimmerei gehörte nicht nur zu den nächsten Nachbarn, sondern auch zu unseren bevorzugten Spielplätzen. Holzleisten, Latten, Pfähle und abgeschälte Baumrinde sind hervorragende Baumaterialien für Wigwams und Tipis. Es gab auch schmale Leisten, die gut zu gebrauchen waren, z. B. für „Püttjermühlen". Der geneigte Leser wird sich fragen, was denn wohl eine Püttjermühle ist. Deshalb eine kurze Bauanleitung: Man schneide einen Weidenstock, ca. 30 cm lang. Der wird in der Mitte einmal senkrecht und einmal waagerecht mit einem Messer durchstochen, und darin werden zwei Leisten durchgesteckt. Dann fehlen noch zwei Nägel, die in die Schnittfläche des kurzen Aststückes gesteckt werden. Nun fehlen noch zwei Zwillen, die in das Bachbett gesteckt werden. Darauf wird das Aststück mit den beiden Leisten und den Nägeln an den Enden in die Zwillen gesetzt, und schon püttjert die Mühle am murmelnden Bach.

NACHKRIEGSZEIT

Es war Nachkriegszeit, und es gab wenig zu essen. Deshalb wurde die ganze Familie, außer dem jüngsten Mitglied, Heinrich Lothar, genannt Heiner, er war 1945 geboren, auf Hamstertour geschickt. Es gab mehrere legale und auch nicht so legale Möglichkeiten, sich Essbares zu besorgen. Oft mussten bestimmte Voraussetzungen erfüllt sein. Die hauptsächliche Voraussetzung war die Herbstzeit, weil dann Erntezeit war. Zu der legalen Beschaffung gehörten bereits gemähte Kornfelder. Nach dem Aufhocken wurde nach liegen gebliebenen Halmen und Ähren gesucht und diese zu kleinen Bunden zusammengebunden nach Hause gebracht. Weniger legal war es, Ähren und Halme aus den zusammengebundenen Garben zu ziehen. Natürlich war es verboten, und trotzdem wurde es manchmal in unbeobachteten Momenten getan. Denn diese Methode führte sehr viel schneller zum Ziel, und der angebliche Fleiß wurde auch noch belohnt.

Eine zweite Methode war, abgeerntete Kartoffelfelder nach liegen gebliebenen Kartoffeln abzusuchen.

Nach jedem Gewitter oder Sturm wurden Äpfel aufgesammelt. Damals gab es Apfelbaum-Alleen.

An fast jeder Straße standen Apfelbäume, die für die Ernte versteigert wurden. Unsere Aufgabe war es, die herabgefallenen Äpfel in einen Sack zu sammeln und nach Hause zu schaffen. Meistens wurde Mutters Damenfahrrad genommen, die Säcke ins Tretlager gelegt und dann das ganze Gefährt nach Hause geschoben. Das war für uns Kinder richtig schwere Arbeit. Manchmal ging das Sammeln etwas schneller, wenn ein Aststück gefunden wurde, das zum In-den-Baum-Werfen geeignet war.

Die weiteren Methoden waren weniger von den Jahreszeiten abhängig, denn „hamstern" konnte man zu jeder Jahreszeit. Allerdings war das eher die Aufgabe der Eltern.

Zur Nachkriegszeit gehörte auch die Entnazifizierung, d. h., die Soldaten der jeweiligen Besatzungszone überprüften jedes Parteimitglied der NSDAP. Bei dieser Gesinnungsprüfung sollten die Tätigkeit und das Verhalten des Einzelnen in der Partei überprüft werden. Der Vater hatte es tatsächlich fertiggebracht, als sogenannter Mitläufer eingestuft zu werden, und so entfiel ein Strafverfahren. Glück gehabt oder gute Freunde als Fürsprecher, wahrscheinlich aber beides.

An ein Ereignis bei Beginn der Besatzungszeit kann sich Josef noch lebhaft erinnern.

Am Wiehengebirge war die Straße durch eine Panzersperre versperrt. Die englischen und amerikanischen Soldaten wollten diese auf ihrem Vormarsch brechen und waren deshalb in Oexenhausen eingerückt. Viele Familien wurden aus ihren Häusern und Wohnungen vertrieben und auf einem großen Bauernhof gesammelt.

Josef und sein Bruder mussten das Kinderbett mit Rollen, in dem Bruder Heiner schlief, über die Schotterstraße zu dem großen Bauernhof schieben. Anscheinend haben die Kinder die gefährliche Sachlage nicht einschätzen können, denn an Angstgefühle kann sich Josef nicht erinnern. In dieser Situation sah Josef erstmalig in seinem Leben englische und amerikanische Soldaten.

Auf den Bauernhof kam ein Auto gefahren. Heute weiß Josef, dass es ein Jeep gewesen sein muss. Ein „schwarzer", heute müsste man „ein dunkelhäutiger" sagen, und ein weißer Soldat stiegen aus, schulterten ihre Gewehre und kontrollierten die verängstigten Menschen.

Kurz zuvor war eine Gruppe BDM-Mädchen auf den Hof gekommen, was Josefs Mutter offensichtlich als sehr gefährlich empfand. Josef kann sich erinnern, dass die Mutter die Ausweise der Mädchen in hektischer Eile einsammelte und im Keller versteckte. Josef kann sich an die beiden Soldaten gut erinnern. Der „schwarze" war untersetzt und bullig, und Josef bemerkte, das ein kleiner Hund aus der Innentasche seines Staubmantels hervorlugte, während der große, weiße Soldat mit einer Schnapsflache in der Hand erregt herumfuchtelte und schimpfte. Wie diese Situation endete, weiß Josef nicht mehr, aber sie ist wohl ohne Folgen geblieben.

Die fünfköpfige Familie hat die Kriegszeit und die Zeit bis zur Währungsreform gut überstanden. Nicht ganz unbeschadet, denn der Vater wurde von einem Schrapnell einer abgeworfenen Bombe am Hals getroffen. Er war nämlich zum Volkssturm abkommandiert worden und ist bei der Überquerung einer Brücke getroffen worden. Wie durch ein Wunder kam es nur zu einer Fleischwunde.

Langsam normalisierte sich die Lage. Die Währungsreform fand statt. Jeder bekam vierzig Mark.
Josef wunderte sich, dass es auch 10Pfennig-Scheine gab.

Josef war nun schon neun Jahre alt, und seine Erinnerungen an die Zeit und die eigene Entwicklung in dieser Zeit sind schon etwas deutlicher.

Es muss für Josefs Mutter schwer gewesen sein, ihre Heimat, ihre Position und ihre Eltern allein zu lassen, um mit ihrem Ehemann in einer fremden Welt ganz neu anzufangen.
Sie war das Leben in einem Dorf nicht gewöhnt und kam aus einer gut situierten Familie, der Goethe, Schiller, Dvorak und Beethoven nichts Neues waren. In Oexenhausen waren die Menschen meistens nicht über das Wissen einer Dorfgemeinschaftsschule hinausgekommen.
Die Bekannt- und Freundschaften, die sich mit der Zeit in Oe xenhausen entwickelten, waren ein deutliches Zeichen für den Mangel, den sie empfunden haben muss.
Josef kann sich an die Tochter des alten Dorfpfarrers erinnern, die mit ihrem 98er Miele oft zu Besuch kam. Der Hersteller hatte damals ein Damenmotorrad im Angebot. Der Rahmen verlief vom Lenker an bis hinunter zum Tretlager und dann wieder zum Sattel hinauf in einem großen Bogen. So wurde den

damaligen, ausschließlich mit Röcken und langen Mänteln bekleideten Fahrerinnen das Aufsteigen erleichtert.

Diese von Josef „Tante Magi" genannte Freundin wurde oft von den Eltern oft besucht. Es gab auch eine Bekanntschaft zwischen dem Dorfschullehrer, Herrn Gockel, seiner Frau einerseits und Josefs Eltern andererseits. Die Tante Magdi mochte Josef sehr gern. Sie war sehr lustig und redete gerne. So nannte sie Josef „Krauser", wegen seines üppigen Lockenkopfes.

Herrn Gockel mochte Josef nicht so gern. Zum einen war er Josefs Lehrer und zum anderen gleichzeitig der Bekannte der Eltern. Josef befürchtete, wahrscheinlich nicht zu Unrecht, dass über sein Verhalten in der Schule und über seine Leistungen gesprochen wurde. Josef war nämlich kein besonders guter Schüler, was seine Befürchtungen noch verstärkte. Wahrscheinlich waren seine Hemmungen großenteils schuld an seinen mittelmäßigen Leistungen. Einzig seine sportlichen wurden mit „2" benotet. Wenn zum Beispiel eine Hausaufgabe darin bestand, ein Gedicht auswendig zu lernen und am nächsten Schultag vor der Klasse vorzutragen, war ab Aufgabenstellung die Angst bis zum Auftritt groß. Sie wuchs stetig, je näher der Auftritt heranrückte. Am Abend vorher konnte Josef das Gedicht perfekt vortragen. Vor der Klasse allerdings hörte er sich stotternd, mit hochrotem Kopf sprechen. Beschämend war nicht nur sein Versagen – wieder einmal –, sondern dass er von Herrn Gockel mit vorwurfsvollem Blick auf seinen Platz verwiesen wurde.

Diese Versagensängste und das Gefühl der Minderwertigkeit führten später zum Alkoholmissbrauch bis in die Abhängigkeit

PICKEL UND PUBERTÄT

Es war also um die Zeit der Währungsreform, als Josef bewusst wurde, dass es zwei Geschlechter gab. Mitschüler hatten berichtet, dass sie schon mal ein Lexikon bei bestimmten Buchstaben aufgeschlagen und darin Ungeheuerliches gefunden hatten. So kündigte sich bei Josef die Pubertät an. Die Menschen der damaligen Zeit war sehr verklemmt. Die Region ab dem Bauchnabel bis zu den Knien war Tabuzone, über die nicht gesprochen wurde. Für Doktorspiele war Josef noch nicht alt genug. Die Entdeckungsreise begann ja erst und natürlich am eigenen Körper. Dabei hatte Josef immer das Gefühl, etwas Unerlaubtes zu tun. Er tat es trotzdem, aber heimlich.

Sich selbst entdecken war sehr spannend, aber auch manchmal beunruhigend. Josef bemerkte Veränderungen an seinem Körper. Allerdings konnte er mit seinen Eltern darüber nicht sprechen. Die Mutter hatte bei dem Baden, das jeden Samstagabend stattfand, Josef und seinen Brüdern gezeigt, wie die Reinigung des Penis vor sich ging. Das Herunterziehen der Vorhaut hat Josef manchmal als schmerzhaft, manchmal aber auch ein wenig angenehm empfunden. Dieses Gefühl konnte Josef nicht einordnen. Es war einfach unerklärlich, aber mehr Gedanken machte sich Josef zu diesem Zeitpunkt nicht.

Das Sich-Kennenlernen machte auch vor eigenen „Waschübungen" nicht halt. So erlebte Josef eine Erektion mit dem normal üblichen Höhepunkt hinter einem Rosenbusch im elterlichen Garten. Das war der erste Orgasmus in Josefs Leben. Es geschah wieder heimlich, und Josef hatte irgendwie ein schlechtes Gewissen, er hatte das Gefühl, wieder etwas Unerlaubtes getan zu haben. Und doch lag in dem Bewusstsein, etwas Verbotenes zu tun, ein großer Reiz. Eine Redensart sagt, die verbotenen Früchte schmecken immer am besten.

Zu der Familie der benachbarten Zimmerei gehörte auch Gertrud, genannt Gerti. Bei einer Suche nach Holzleisten auf dem

Gelände der Zimmerei sah Josef Gerti das erste Mal. Sie spielten danach öfter miteinander. Hinter der Werkstatt standen dicht gewachsene Büsche. Dort war die Arztpraxis.

Gerti und Josef trafen sich hier bisweilen, um die vermeintlichen Blinddarmbeschwerden zu behandeln. Es war äußerst spannend zu sehen, dass Mädchen unter herum ganz anderes aussehen als Jungen. Gerti ging es offensichtlich ähnlich, denn Josef kann sich an gegenseitiges Untersuchen lebhaft erinnern. Beide fanden daran nichts Schlimmes, und trotzdem blieb es ein Geheimnis.

Die Großeltern waren also nach Oexenhausen geflohen und konnten ein kleines Zimmer im Dachgeschoss beziehen. Dieses Zimmer war frei geworden, weil die Magd Waltraud zu ihren Eltern zurückgegangen war. Es war ihr zu gefährlich, die Eltern in den Wirren der letzten Kriegstage alleine zu lassen.

Die Großeltern waren also zu neuen Familienmitgliedern geworden. Drei Generationen wohnten nun hautnah beieinander. Alt und Jung mussten den Umgang miteinander lernen. Die Großeltern waren es nicht mehr gewöhnt, mit ganz jungen Menschen umzugehen, und die Kinder empfanden umgekehrt dasselbe.

Nach der Währungsreform war auch bald wieder ein Radio im Hause, und jeder wollte es nach seinen Wünschen gebrauchen. Wie zu erwarten war, kam es öfter zu kleinen Streitereien. Wenn Josefs Bruder zum Beispiel die BBC hören wollte, wurde das meist vom Großvater kritisiert.

Er konnte sich nicht an die neuen Zeiten anpassen. Wenn wieder einmal Glenn-Miller- oder Benny-Goodman-Songs erklangen, wurde das Radio von Opa ausgeschaltet und dazugesagt: „Es gehört sich nicht, solche ‚Negermusik' zu hören. Das sind doch alles Feindsender." Bruder Peter war gerade in dem richtigen Alter, den neuen Trend als schön zu empfinden und schaltete das Radio wieder ein.

So prallten die verschiedenen Welten aufeinander, und die Mutter musste wieder einmal den Streit schlichten. Es kam noch hinzu, dass beide, Opa und Peter, ziemlich starrköpfig und hartnäckig waren.

Kann er nicht, will er nicht, mag er nicht, das war Peters Devise. Diese drei Zitate hatte der damalige Hausarzt geprägt und damit den Charakter ziemlich genau getroffen.

Rad fahren konnten Peter und Josef, Heiner war dazu noch zu klein, aber beide hatten bereits ein Fahrrad. Auf sein neues Fahrrad war Peter sehr stolz und Josef neidisch. Er hatte nämlich nur ein altes, in seinen Augen viel zu kleines Damenfahrrad und fühlte sich deshalb zurückgesetzt.

Der Vater hatte ein leichtes Motorrad aus seiner Dienstzeit bei der Polizei. Er war trotz seiner ausgeheilten Tuberkulose in den letzten Jahren des Krieges zur Preisüberwachung in verschiedenen Nachbarortschaften eingesetzt gewesen und hatte die 98er Bastert über die Wirren des Krieges und die Besatzungszeit gerettet. Es grenzt an ein Wunder, dass dieses Kleinkraftrad die Torturen durch die englischen Soldaten überstanden hatte. Josef sieht noch das Bild vor seinem geistigen Auge, wie sich die Soldaten einen Spaß daraus machten, mit dem Motorrad auf der einen Seite die Böschung des kleinen Obstgartens hinauf zufahren und auf der anderen, steileren Seite wieder herunter. Es gelang zwar meistens, aber manchmal fiel ein Soldat mit dem Motorrad auch um.

Das Gejohle der Schadenfreude darüber klingt Josef heute noch in den Ohren, denn er konnte von dem Nachbargrundstück dieses Treiben beobachten.

An einen sonnigen Sonntagnachmittag wollte der Vater den beiden Kindern das Motorradfahren beibringen. Es wurde lang und breit erklärt, wie das in der Theorie zu handhaben war. Er wies auf die Funktion des Drehgasgriffes und des Kuppelungshebels hin. Ganz besonders deutlich hatte der Vater verboten den Schalthebel zu bedienen. Der Schalthebel war am Tank angebracht und konnte mit der rechten Hand bedient werden. Das Fahrzeug hatte zwei Gänge.

Bruder Peter (kann er nicht, will er nicht, mag er nicht) hatte die große Schwierigkeit, das Zusammenspiel von Kuppelung und richtigem Gasgeben zu koordinieren. Nach dem x-ten Male

Motorabwürgen durfte es Josef auch probieren, und es klappte. Nach den ersten Runden wurde Josef schon sicherer. Die vorgegebene Strecke führte um eine kleine Kurve, der Fahrer und das Motorrad waren außer Sicht des Vaters. Sobald Josef um die Kurve gefahren war, legte er den zweiten Gang ein und war erstaunt, wie leicht das zu bewerkstelligen war. Bevor Josef mit seinem Gefährt wieder in Sicht des Vaters war, schaltete er wieder zurück. Ab jetzt wurde die Strecke noch einige Male in der verbotenen Weise gefahren. Josef fühlte sich, bildlich gesprochen, um Meter gewachsen. Endlich hatte er einmal Erfolg gehabt. Endlich war er einmal besser als andere. Dieser Erfolg ist ihm für immer im Gedächtnis geblieben. Leider gab es solche und ähnliche Begebenheiten äußerst selten. Eher war es normal, die Blockaden durch die Hemmungen und Minderwertigkeitskomplexe als Misserfolge zu erleben.

Die folgende Geschichte war auch eines der seltenen Erfolgserlebnisse. Und zwar beim Brennmaterialbesorgen. Opa Franz, Peter und Josef fuhren mit dem kleinen Handleiterwagen in das nahe gelegene Mittelgebirge, um abgestorbene Äste zu sammeln. Mit dem hoch beladenen Handwagen die abschüssigen Waldweg herunterzufahren, ohne die Fuhre umzukippen, war gar nicht so einfach. Josefs Aufgabe war es, eines der beiden hinteren Räder so abzubremsen, dass die Fuhre nicht in unkontrolliertes Rollen kam. Bei dieser Tätigkeit, die er dann immer machen sollte, fühlte sich Josef angenommen und als wichtiges Mitglied der Gesellschaft.

Im Wald lag viel Kriegsmaterial verstreut. Die deutschen Soldaten wollten vor der Kapitulation ihre Ausrüstung loswerden und haben sie im Wald flüchtig vergraben. Es war strengstens verboten, nach solchen Dingen im Wald zu suchen, aber Josef und einige Schulkameraden fanden es abenteuerlich, so etwas zu finden. So fanden die Schulkameraden Karabiner, Stahlhelme, Munitionstaschen, Uniformjacken mit Rangabzeichen und Ähnliches. Die Schulkameraden haben auf dem Schulhof mit ihren Abenteuern geprahlt, was den Lehrern nicht verborgen blieb.

Herr Gockel hatte eindringlich auf die Gefahren hingewiesen und vor weiteren Abenteuern im Wald gewarnt. Vielleicht war es die Angst vor den angedrohten Strafen oder vielleicht doch Einsicht und Vernunft. Jedenfalls wurden diese Abenteuer eingestellt.

So wuchs Josef in Oexenhausen auf und war an freies Land weit und breit gewöhnt. Der Vater hatte in einem nahe gelegen Ortsteil Oexenhausens ein Haus für die Familie gebaut. Bei der ersten Fahrt zu dem neuen Haus war Josef sehr erstaunt über die engen Straßen und die vielen Häuser. Besonders beklemmend war eine Allee mit sehr hohen Bäumen. Josef fühlte sich eingeengt und hat einige Zeit gebraucht, um sich daran zu gewöhnen.

Ganz anders war es doch „zu Hause". Josef erinnert sich intensiv an einen Sonntagmittag. Die Sonne schien, und es herrschte Stille. Ein gelbes Kornfeld wogte in der leichten Brise hin und her. Die Kirchturmuhr schlug die Mittagsstunde an, und über dem Kornfeld stand eine Lerche und tirilierte. Das Gefühl tiefen Friedens und der Ruhe hatte Josef erst wieder bei seiner ersten Reise in die Sahara.

SCHULSCHWIERIGKEITEN UND DAS GEGENTEIL

Durch den Umzug in das neue Haus in einem anderen Ortsteil wurde ein Schulwechsel erforderlich.

Beide Eltern waren der Meinung, dass wenigstens eines der Kinder ein Akademiker würde. Deshalb wurde Josefs Bruder Peter auf ein neusprachliches Gymnasium in Bad Oexenhausen geschickt. Josefs schulische Leistungen waren noch durchschnittlicher als die seines Bruders Peter.

Gerade zu dieser Zeit wurde erstmalig ein neuer Schultyp ins Leben gerufen. Er nannte sich Aufbauzug. Ziel war hier nicht das Abitur, sondern die Mittlere Reife.

Dieser Schulwechsel gestaltete sich sehr schwierig für Josef. Die neue Umgebung, die neuen Lehrer, der andere und anspruchsvollere Stoff verunsicherten ihn zunehmend. Die Begriffe Gegenwart, Vergangenheit und Zukunft durften nur noch mit den lateinischen Wörtern benutzt werden. Ebenso schwierig gestaltete sich der Grammatikunterricht bei Frau Scherer, Josefs Deutschlehrerin.

In Josefs Augen war Frau Scherer eine Respektsperson, die keinen Widerspruch duldete. Sie nahm ihre pädagogische Aufgabe sehr ernst. Jeder Fehler wurde mit dem entsprechenden Hinweis, sich endlich einmal richtig zu bemühen, geahndet.

Ganz anders war da „der dicke Walter". Herr Walter war Josefs Mathe-Lehrer. Er war ein großer, etwas unförmiger Mann, glatzköpfig mit einem Stiernacken und wulstigen Lippen. Außerdem hat er meistens geschwitzt. Auch in Mathematik waren Josefs Leistungen weit unter dem Durchschnitt. Heute glaubt Josef, dass er sehr bald den Anschluss an den Unterrichtsstoff nicht geschafft hatte und zunehmend nur noch wenig begriff. Das sowieso schon wenig ausgebildete Selbstwertgefühl sank weiter ab. Dem Vater waren die Leistungen natürlich nicht verborgen geblieben. Josef wurde also auch von dieser Seite massiv unter Druck gesetzt. „Du bist ja lebensunfähig, und es wird einmal ein böses Ende mit dir nehmen", hörte Josef öfter und fühlte sich auch so.

Den einzigen Lichtblick brachte Herr Schöppe für Josef in den tristen Alltag. Herr Schöppe war nicht nur der Englisch-Lehrer, sondern auch der Direktor der Schule. Er war ein netter, älterer Herr. Immer freundlich nahm er sich die notwendige Zeit für seine Schüler. Ihm war es nicht egal, ob ein Schüler den Lehrstoff begriff oder nicht. Er hätte es bemerkt, wenn ein Schüler zurückgeblieben wäre.

Herr Schöppe hatte es fertiggebracht, bei Josef Spaß zum Lernen zu erzeugen. Sehr deutlich wurde das bei der Beteiligung am Unterricht. Josef meldete sich sogar freiwillig, wenn er meinte etwas sagen oder fragen zu wollen.

Eines Tages machte Herr Schöppe Josefs Eltern einen Besuch. Ein Gespräch über Josefs Verbleiben auf dem Aufbauzug hielt er kurz vor Beendigung des Schuljahres für notwendig. Josef wusste, wie wichtig Herrn Schöppe jeder Schüler war. Deshalb konnte sich Josef vorstellen, wie schwer Herrn Schöppe dieser Besuch gefallen sein muss. Die Eltern waren traurig. Die Gefühle, die Josef empfand, sind mit einem Wort nicht zu beschreiben. Wut jedenfalls hat Josef nicht empfunden, eher aber abgrundtiefe Scham. Das Gefühl des Versagens war Josef ja nicht unbekannt, aber in dieser Situation war es besonders stark. Josef wäre lieber total verschwunden, nur raus aus dieser Lage. Traurige Konsequenz dieses Besuches war, dass nach einem Jahr Aufbauzug schon wieder ein Schulwechsel anstand. Josef musste den Rest seiner Schulzeit wieder auf die Volksschule zurück. Nachdem sich der Lehrer verabschiedet hatte, war für Josef die Sache noch nicht beendet. Es folgte jetzt ein ernstes Einzelgespräch, in dem die schon beschriebenen Vorwürfe scharf wiederholt wurden. Josef wurde mit dem Satz „Ich will dich nicht mehr sehen" auf sein Zimmer geschickt.

Rückblickend war es für Josef sehr positiv, nochmals die Schule zu wechseln. Der erste Tag in der neuen siebten Klasse war auch schwer, weil Josef erklären musste, warum er jetzt hier zur Schule gehen musste. Josef war das schwergefallen, der Klasse war es egal. Das kann, so glaubt Josef heute, auch an dem positiven Einfluss des Rektors, Herrn Schürmann, auf die Schüler gelegen haben. Dieser Lehrer war ein Glücksfall für Josef.

Herr Schürmann war eigentlich Gymnasiallehrer und nahm seine pädagogische Aufgabe sehr ernst. Nur Lehrstoff übermitteln war ihm nicht genug. Neben den normalen Unterrichtsfächern legte er größeren Wert auf Allgemeinbildung, als der Lehrstoff für die Volksschule es vorsieht. In dem einen Jahr Aufbauzug hatte Josef Gedichte von Eichendorff, Johann Wolfgang Goethe und Friedrich Schiller lernen müssen. Auch z. B. Novellen von Theodor Fontane waren Josef von daher nicht unbekannt. Diese und diverse Theaterstücke wurden durchgearbeitet, und Josef war sehr daran interessiert. Sicher nicht nur die Art des Stoffes, sondern auch die Weise, wie Herr Schürmann seinen Unterricht gestaltete, war dafür ausschlaggebend. Jeder Schüler, ob Junge oder Mädchen, auch Josef, fühlte sich von dem Lehrer ernst genommen. Josef blühte förmlich auf, wurde aufgeschlossener, beteiligte sich eifrig am Unterricht. Es machte ihm Spaß zu lernen. Endlich einmal gab es gute Schulnoten. Es machte Spaß, Erfolg zu haben, und spornte außerdem an noch besser zu werden. Herr Schürmann sorgte auch dafür, bei Interesse, dass ein Theaterabonnement in Anspruch genommen werden konnte. Josef hatte seinen Eltern darüber berichtet. Der Vater zeigte kein großes Interesse daran, dem Sohn Theaterbesuche zu ermöglichen. Die Mutter allerdings hatte das vehement befürwortet und sich tatsächlich einmal durchgesetzt. So hat Josef in dieser Zeit viele Theaterstücke und Operetten erlebt.

Herr Schürmann hatte mit seinen Schülern das Leben Goethes durchgearbeitet und eine Aufgabe gestellt. Jeder Schüler sollte einen umfangreichen Aufsatz anfertigen. Hierzu gab er sechs Wochen Zeit. Vielleicht war Josef viel zu sehr mit andern, in seinen Augen wichtigeren Dingen beschäftigt.

Jedenfalls lief Josef die Zeit davon, und drei Tage vor dem Abgabetermin fing er an zu schreiben.

Bei dem Ausmaß dieser Arbeit war keine Zeit mehr für große Korrekturen oder eventuell ein zweites Mal schreiben. So schrieb Josef zehn DIN A4 Seiten in einem Zug und in einem Guss nieder und gab das Ganze doch zum richtigen Termin ab.

Nachdem Herr Schürmann alle Arbeiten durchgesehen hatte und die Zensuren dafür bekannt gegeben werden sollten, musste Josef nach vorne zum Lehrerpult kommen. Natürlich erwartete Josef eingedenk dessen, wie und in welcher Art und Weise er diese Arbeit geschrieben hatte, eine vernichtende Kritik. Er ging also mit weichen Knien zu Herrn Schürmann. Zum größten Erstaunen hatte der Lehrer Josef nach vorn zu ihm zitiert, um ihn vor allen Schülern zu loben für seine kurze, aber prägnante und trotzdem ausführliche Arbeit. Josef wusste nicht, wie ihm geschah, und ging benommen wieder auf seinen Platz. Dadurch ist Josefs ganzes späteres Leben sicher beeinflusst worden. Zum ersten Mal ein seinem Leben war er öffentlich gewürdigt worden. Zum ersten Mal hatte er etwas wirklich gut gemacht. Es war ein nie da gewesenes Glücksgefühl. Josef hatte den Eindruck, eine neue Welt hätte sich aufgetan. Leider ist Glück ein sehr flüchtiges Gut, und bald wurde Josef auch wieder „normal". Dass seine Minderwertigkeitskomplexe ganz und gar nicht verschwunden waren, wurde Josef bald klar.

Herr Schürmann hatte eine Laienspielgruppe eingerichtet. Es sollte das Stück „Robinson Crusoe" nach Daniel Defoe einstudiert werden. Josef hatte eine Nebenrolle bekommen, in der nur ein Satz zu sagen war. Selbst der Auftritt ohne Publikum auf der Bühne wurde zum Fiasko. Selbst diesen einen Satz auf einer Bühne akzeptabel zu sprechen war Josef auch nach mehreren Versuchen nicht möglich. Folglich bekam ein anderer Schüler die Rolle, und Josef wurde wieder intensiv an seine Fehler erinnert.

Josef kann sich nicht an besondere Streitigkeiten mit seinen Mitschülern erinnern. Die Mädchen spielten so gut wie keine Rolle. Keines hat Josef als besonders in Erinnerung.

Mit einem Schüler hatte Josef fast den gleichen Schulweg, und sie gingen auch oft gemeinsam nach Hause. Kurt Ziegenhahn, von seiner Mutter „Kurti" genannt, war ein schwieriger Schüler.

Kurti war manchmal etwas hinterhältig und auch jähzornig. Es hat auf den Heimwegen von der Schule hier und da Rangeleien gegeben. So hat Kurt einmal versucht unter dem Hinterrad von Josefs Fahrrad Feuer zu legen. Es kam zu einem handfesten Streit. Die Mutter nahm ihren „Kurti" immer noch in Schutz, obwohl er Feuer gelegt hatte. Mutter und Sohn Ziegenhahn waren Flüchtlinge aus Sachsen. Den sächsischen Dialekt hat Josef noch im Ohr. Besonders markant war, wie sie ihren Sohn im Dialekt rief. Das hörte sich an wie „Kutti", denn das R wurde hinten im Hals verschluckt. Josef hätte nicht gewusst, was für einen Dialekt Kurt sprach. Wenn er nicht in der Musikstunde das Lied „An der Saale hellem Strande" vorgesungen hätte.

Josef war zu dem Zeitpunkt zwölf Jahre alt. Der Stimmbruch kündigte sich an. Andere Schüler, auch Kurt, hatten den Stimmbruch schon fast hinter sich, was Josef natürlich nicht verborgen geblieben war. Manchmal machten Kurt und Josef auch Hausaufgaben zusammen. Dazu gingen sie ins Kinderzimmer. Das Kinderzimmer lag auf dem Dachboden und war nur durch eine schmale, knartschende Holztreppe zu erreichen.

Warum es beim Erledigen der Hausaufgaben zu Doktorspielen kam und wer der Initiator war, weiß Josef nicht mehr. Jedenfalls standen die beiden Kinder mit heruntergelassenen Hosen voreinander und betasteten sich gegenseitig.

Josef fiel auf, dass bei seinem gegenüber schon Schamhaare gewachsen waren, und bei Josef war noch nichts in dieser Richtung festzustellen. Bei Kurt kam es zum Orgasmus und bei Josef nicht. Dadurch fühlte sich Josef in seinem Glauben bestätigt, doch minderwertiger als andere zu sein.

Die letzten zwei Schuljahre waren dank Herrn Schürmann die ersten erfolgreichen. Josef fühlte sich wohl in dieser Schule und bekam ein gutes Abschlusszeugnis. Die Gesamtnote lautete „gut", nicht weil es als Abschlusszeugnis am Ende eines Lebensabschnittes etwas geschönt war, sondern weil die Leistungen genauso erbracht waren. Josef war stolz auf seinen Erfolg.

DIE LEHRZEIT

Josef war also mit vierzehn Jahren aus der Schule entlassen worden. Nun stand also die Berufsausbildung als Nächstes an.
Im Elternhaus war schon früher über die Berufswahl diskutiert worden, wobei Josef sich eher als Zuhörer empfand. Die Mutter spielte dabei keine sehr große Rolle. Der Vater war der Meinung, dass seine Kinder einen Beruf erlernen sollten, der nicht körperlich so fordernd war wie sein eigener. Deshalb kam ein Handwerk nicht infrage. Die Mutter, die im gesellschaftlichen Mittelstand aufgewachsen war, lehnte ebenfalls eine handwerkliche Ausbildung ab. Noch größer war ihre Ablehnung aber für Berufe, in denen Dienstleistungen die Hauptrolle spielten. So war es völlig undenkbar und weit unter Niveau, wenn Josef zum Beispiel Briefträger oder Schornsteinfeger gelernt hätte. Auch waren Berufe im öffentlichen Dienst undiskutabel. Allerdings wurde eine Lehrstelle bei der Amtsverwaltung von der Mutter mit Vorbehalten gerade eben akzeptiert. Der Vater hielt einen solchen Beruf aber für einen absolut sicheren Arbeitsplatz.

Ob sich Josef schon damals vorgestellt hat, wie wenig kreativ es ist, Akten von A nach B zu tragen, weiß Josef heute nicht mehr.

Der Start ins Berufsleben begann am 1. April mir einer kaufmännischen Lehre in einer Schuhgroßhandlung. Josefs Chef, von den Schuhmachermeistern und späteren Kunden „lippscher Schlappenfritz" genannt, hatte schon kurz nach dem Kriege diesen Großhandel ins Leben gerufen.

Der Nachholbedarf an allen Produkten war damals groß. Darum lief das Geschäft sehr gut. Die Schuhmachermeister aus der Umgebung kamen persönlich zum Einkaufen. Es gab schon damals, etwa acht Jahre nach dem Kriege, Reisende in jedem Bundesland, die mit großem Erfolg Schuhe verkauften.

Josef trat also aufgeregt und voller Erwartung seine Lehre an. Mit zwei anderen Lehrlingen wurde er durch den gesamten Betrieb geführt. Im Flur gleich hinter dem Eingang endete die

Führung, und es ergingen die ersten Anweisungen. Die wichtigste davon war, seine Anwesenheit durch Betätigen der Stempeluhr zu dokumentieren. Es wurde dringend darauf hingewiesen, jeden Arbeitstag, ohne Ausnahme, so zu beginnen. Und zum Feierabend dieselbe Prozedur, nur umgekehrt.

Links und rechts der Uhr war je ein Kasten mit Fächern angebracht, in die die Karten der Mitarbeiter nach dem Stempeln abgelegt wurden. Aus den Fächern links wurden die Karten entnommen, gestempelt und in den rechten abgelegt. So konnte man auf einen Blick erkennen, ob eventuell ein Mitarbeiter nicht erschienen war. Die zweite Anweisung war, am nächsten Arbeitstag mit einem weißen Bürokittel zu erscheinen. Dann wurden „die drei Neuen", Karl-Heinz, Werner und Josef, an ihren ersten Arbeitsplatz geführt.

Josef sollte als Erstes die Buchhaltungsablage kennenlernen. Alle Buchungsbelege landeten nach dem Buchen in der Ablage und mussten nun sortiert, nummeriert und abgeheftet werden. Dies wurde am ersten Tag und nur einmal erklärt. Viel wichtiger für Josef war der erste Auftrag, den er vom Bürovorsteher bekam. Josef sollte die „Wechselverlängerungsmaschine" holen. Die Maschine würde im Buchhaltungsbüro wieder gebraucht und befände sich im Moment in der Versandabteilung.

Dort wurde Josef glaubwürdig erklärt, dass die Maschine gerade im Einkaufsbüro sei. Dort war sie allerdings auch nicht zu finden. Josef wurde von einer Abteilung in die nächste geschickt und kehrte unverrichteter Dinge in die Buchhaltung zurück. Hier wurde er schon erwartet. Josef konnte das Grinsen in den Gesichtern der Büroangestellten erst verstehen, als er darauf hingewiesen wurde, dass ja heute der „erste April" sei. Der Spaß war gelungen, und zwar auf Kosten des neuen Lehrlings.

Die Arbeiten in der Buchhaltungsablage bedurften keiner besonderen Ausbildung. Es reichte, wenn man lesen konnte. Die einzelnen Zahlkarten und Postscheckabschnitte waren mit einem Nummernstempel nummeriert worden und wurden nur nach Nummern abgelegt. Die Rechnungskopien aus der Buchhaltung wurden nach Namen und Wohnorten sortieret. Ähnlich war es in der Kundenablage. Hier war es nämlich wichtig, das Alphabet perfekt zu kennen. Bei Namensgleichheit wurde der Vorname mit einbezogen. Ein Müller, Alois, wurde immer vor Müller, Bernhard abgelegt. Theoretisch musste jede Rechnung, jede Bestellkarte oder Lieferschein sofort wiedergefunden werden. Wenn einmal ein Ablagefehler passierte, musste Josef so lange suchen, bis er den Vorgang wiedergefunden hatte. Ohne den Hinweis auf fehlerhaftes Verhalten ging es bei dem Bürochef nicht. Josef durchlief die einzelnen Abteilungen und fand immer weniger Interesse an den zu verrichtenden Arbeiten, z. B aus den Karteikästen die Kundenkonten zu entnehmen und mit der Bestellung zusammen an die Buchungsmaschine zu bringen.

Diese wenige Lust an solchen Arbeiten blieb dem Buchhaltungschef, der höchstens zehn Jahre älter war als Josef, nicht verborgen. Seine Vorhaltungen sind Josef heute noch im Ohr. z. B. „Wie willst du ein guter Kaufmann werden, wenn du diese Arbeiten schon nicht richtig ausführst?"

In der Mahnabteilung sollte Josef Mustermannbriefe, natürlich auf einer mechanischen Schreibmaschine, schreiben. Damals gab es nur den Maschinenradiergummi und keine anderen Korrekturmittel. Das Briefpapier war aus vornehmem Büttenpapier mit blauem Firmenkopf, goldgerändert und somit sehr eindrucksvoll.

Dieses Briefpapier verzieh keine Tippfehler. Selbst wenn Josef noch so vorsichtig versuchte zu radieren, es blieb zu sehen. Deshalb bekam Josef so manchen Brief zurück und musste ihn noch einmal schreiben. Dies traf auch auf übersehene Tippfehler zu. Josef fühlte sich oft an die Worte seines Vaters erinnert, der ja oft genug gesagt hatte, Josef sei lebensunfähig.

Bestätigt wurde das noch dadurch, dass die anderen neuen Lehrlinge im ersten Lehrjahr diese Arbeiten schon bald besser ausführen konnten als Josef.

So wurde Josef in die Versandabteilung geschickt. Hier bestand die Aufgabe darin, Pauspapier zwischen die vier notwendigen Rechnungsformulare zu legen. Wenn einmal, was hier und da passierte, ein Blaublatt fehlte, musste Josef die Rechnung mit der Hand abschreiben.

Bei mittleren und kleinen Paketen wurde der Postversand gewählt. Einzelpaare wurden als Päckchen zum Versand gebracht und bedurften keiner weiteren Bearbeitung durch Josef. Beim Paketversand war das ganz anders. Damals musste für jedes Paket eine Paketkarte angefertigt werden. Darauf wurden die Versandzone, das Gewicht, die Paketnummer und der Versandpreis verzeichnet. Diese Paketkarten wurden in ein Postversandbuch eingetragen. Zu Stoßzeiten, z. B. zu Weihnachten, konnten es schon mal über tausend Pakete sein. Das Postversandbuch wurde von den Postbeamten mit den Angaben auf den Paketen verglichen und somit kontrolliert. Unstimmigkeiten gab es selten. Diese Arbeit hat Josef auch Spaß gemacht. Nicht zuletzt deshalb, weil er in dieser Abteilung mit anderen Mitarbeitern und innen locker zusammenarbeiten konnte. Auch kam Josef öfter mit Kunden ins Gespräch. Das gefiel ihm sehr. Eine junge Schreibkraft hatte ihren Arbeitsplatz Josef gegenüber. Er fand sie sehr anziehend. Auch sie, Ingrid mit Namen, fand Josef offensichtlich sympathisch.

Josef war jetzt sechzehn Jahre alt und Ingrid zwanzig oder einundzwanzig. Ingrid hat Josef zu einer Silvesterparty bei ihren Eltern eingeladen. Wie es sich ergeben hat, weiß Josef nicht mehr, aber bei dieser Feier empfing Josef seinen ersten richtigen Kuss und war im siebten Himmel, auch in den nächsten Tagen noch.

Einmal war Ingrid auch zum Kaffeetrinken bei Josefs Eltern. Josef kann sich nicht erinnern, ob er damals verliebt in Ingrid gewesen ist. Jedenfalls kann er sich an eine Wanderung in den nahe gelegenen Wald erinnern, wo Ingrid zur Pause eine mitgebrachte Decke ausbreitete, sich darauflegte und Josef aufforderte, das Gleiche zu tun. Josef durfte u. a. ihre Oberweite ausmessen, sie streicheln usw.

Wahrscheinlich hat sich Josef nicht weiter getraut, oder seine Hemmungen hatten Weiteres ausgeschlossen, denn mehr ist nicht passiert. Josef sieht das Bild; Ingrid mit ihrem rot geblümten Kleid auf der Decke, noch heute vor Augen und kann sich doch nicht an seine eigenen Gefühle erinnern.

ERSTE KONTAKTE MIT DEM ANDEREN GESCHLECHT

Die Eltern hatten in dem neuen Haus eine Wohnung und ein möbliertes Zimmer vermietet. Dort wohnte ein junges Ehepaar. Die Frau hatte eine Schwester, die damals gerade zu Besuch angereist war. Marianne, so hieß die Schwester. Sie war schon einundzwanzig und in Josefs Erinnerung nicht sehr attraktiv, aber trotzdem kamen sich Josef und Marianne sehr nahe.

Das Haus der Eltern lag in kritischer Nähe eines Flusses, der zu Überschwemmungen neigte. Gerade war wieder Hochwassergefahr, und an dem immer höher steigenden Wasser trafen sich alle Nachbarn immer wieder, um den Pegelstand zu kontrollieren, So lernten sich Marianne und Josef am Ufer des Flusses kennen. Es war sehr abenteuerlich, gemeinsam zu beobachten, wie das Wasser stetig weiter ins Gelände und letztlich zu den Häusern gelangte. Mancher Keller lief voll. Für Josefs Vater war das sehr ärgerlich, denn er hatte für seine neu gegründete Papiergroßhandlung große Mengen Toilettenpapier zum weiteren Verkauf im Keller eingelagert. Josef erinnert, dass der Vater damals von Totalschaden gesprochen hatte.

Josef konnte dieses Unglück gar nicht richtig begreifen, denn er war berauscht von seiner Marianne. Alles, was jetzt geschah, war für Josef kaum begreifbar, gefühlsmäßig war er völlig außer sich. Er wusste nicht, was und wie ihm geschah. Für Josef war es die ganz große, nie endende Liebe. Marianne muss wohl schon Erfahrungen in sexueller Richtung gehabt haben. Vielleicht war Josef auch mit sich selbst zu sehr beschäftigt, um das objektiv beurteilen zu können. Jedenfalls wurde jede Gelegenheit, auch das möblierte Zimmer, ausgenutzt, um alleine zu sein.

Es war eine atemberaubende Erfahrung, den Körper von Marianne intensiv zu spüren, ihn über die Hände zu verinnerlichen. Trotz Mariannes sexuellen Erfahrungen ist es nicht zum sexuellen Intimkontakt gekommen, denn Josef hat die weit geöffnete Tür und somit die Einladung nicht angenommen. Josef hat es nicht gewagt, den letzten Schritt zu tun, weil ihm, wieder einmal, seine Hemmungen und sein mangelndes Selbstwertgefühl im Wege standen.

Dieser Rauschzustand ebbte dann langsam ab, denn Marianne musste weiterstudieren, und zwar im München. Es wurden nach der Trennung noch glühende Liebesbriefe geschrieben. Die von Marianne begannen immer mit „Mon chéri" und endeten mit überschwänglichen Liebesbezeugungen. Trotzdem wurden die Briefe weniger und seltener und hörten dann irgendwann ganz auf. Es begannen neue, diese Liebe überlappende Ereignisse. Josef hatte mit dieser ersten Beziehung einen großen Schritt in Richtung Erwachsenwerden getan.

In Bad Oexenhausen gab es eine einzige Tanzschule, die Tanzschule „ERIC". So edel wie der Name der Schule, gab sich auch der Inhaber. Mit bürgerlichem Namen hieß er Erich Neumann.

Tanzlehrer Eric trat immer im Dinnerjackett, schwarzer Smokinghose und Lackschuhen auf. Herr Eric war ein hochgewachsener, schlanker, blonder Herr. Die Haare streng nach hinten gekämmt, tänzelte er durch den Saal, um die Tanzschritte vorzuführen. Die Frau des Tanzlehrers, eine wesentlich kleinere, nicht ganz schlanke Frau, war immer für den ganz großen Auftritt angekleidet.

Sie trug zu ihrem Abendkleid immer maximal hochhackige, zum Kleid passende Pumps.

Sie hieß Eleonora.

Wenn Herr Eric Tanzschritte für Paare vorführen wollte, rief er Frau Eleonora mit weit ausholender, distinguierter Handbewegung zu sich. Der Satz „Eleonora, kommst du bitte einmal" zog sich durch den ganzen Tanzkursus. Er war immer derselbe. Er klang auch immer gleich, immer gleich aufgesetzt und übervornehm.

Vielleicht waren es zwanzig Jugendliche, die tanzen lernen wollten. Die Tanzpartner wechselten ständig, sodass Josef mit allen Mädchen tanzen konnte. Der Mittelballtermin kam immer näher und somit auch die Wahl einer Partnerin für den Ball. Josef wagte es nicht, ein Mädchen anzusprechen. Er meinte nämlich, ein hübsches Mädchen würde niemals zustimmen, mit ihm auf den Ball zu gehen. So wartete und zögerte er immer weiter und musste am Ende mit irgendeinem, noch nicht vergebenen, Mädchen zum Ball gehen. Josef hatte sich wieder einmal selbst bewiesen, wie negativ sich seine Hemmungen, das mangelnde Selbstbewusstsein und die geringe Selbstsicherheit auf den weiteren Lebensweg auswirkten.

Zum Abschlussball entwickelte sich die Situation ohne Josefs Zutun ganz anders. Zu diesem Ball waren die Eltern ebenfalls eingeladen. Ein Arbeitskollege von Josefs Vater kam mit seiner Frau und seiner Tochter, also mit einem Mädchen, das Josef nicht zu fragen gewagt hatte, zum Abschlussball. Die Eltern beider Tanzschüler hatten beschlossen gemeinsam an einem Tisch zu sitzen. So war die Partnerwahl für den Ball für Josef von den Eltern geregelt worden. Das wiederum gefiel ihm auch wieder nicht, weil er die Wahl ja nicht selbst getroffen hatte.

Josef hatte an sich bemerkt, dass er sich viel leichter und ohne große Hemmungen benehmen konnte, wenn er ausnahmsweise an einem Glas Bier nippte oder ein Glas Sekt trank. So begann für ihn schon zu dieser Zeit das sogenannte Erleichterungstrinken. Natürlich hat der junge Josef es nicht als das erkannt. Aber die Möglichkeit, seine Hemmungen einzudämmen und sich verhalten zu können, wie es eigentlich für ihn normal gewesen wäre, hat er schon gefühlt.

Besonders heftig empfand Josef seine Hemmungen, wenn er zum Chef ins Büro gerufen wurde. Sich vorzustellen in das große, etwas dunkel wirkende, an den Wänden holzgetäfelte Büro eintreten zu müssen hat Josefs Hände zittern lassen. Der Chef saß hinter seinem großen Schreibtisch und bedeutete Josef heranzutreten. Dann erfolgte die Rüge, oder es gab auch manchmal einen anderen Grund für den Befehl, beim Chef zu erscheinen. So ein Anlass war meistens dann gegeben, wenn das Berufsschulzeugnis vom Chef unterschrieben werden musste. So hörte Josef zu der Note Vier in „kaufmännisches Rechnen" den Chef sagen: Gerade in dem Fach, das ein Kaufmann am besten beherrschen muss, hast du eine Vier". Josef war froh, wenn diese Audienz beendet war. Allerdings ließ die nächste Standpauke nicht lange auf sich warten, denn das Zeugnis musste auch vom Vater unterschrieben werden. Er fand dann ähnliche Worte wie vorher der Chef.

Aber nicht alle Audienzen beim Chef waren so negativ wie beschrieben. Einmal ließ er alle drei Lehrlinge erscheinen, um ihnen zu eröffnen, dass sie zu einem Lehrgang an die Schuhfachschule in Pirmasens geschickt würden. Es sollte dort u. a. Lederkunde und Schuhproduktionsmethoden gelehrt werden. Bei diesem Praxisunterricht war Josef ernsthaft interessiert und empfand, dass die anderen beiden Lehrlinge nicht so großes Interesse hatten. Josefs Interesse lag eher im Praktischen als bei der Büroarbeit. Anders war das beim Schreibmaschinenunterricht. Hier war Josefs Interesse wieder vorhanden, weil Handarbeit notwendig war. Nur durch ständiges Üben war schnelles und fehlerfreies Schreiben möglich. In dem Schreibmaschinen-Kursus wurde die Tastatur der Schreibmaschine durch einen schwarzen Kasten abgedeckt, und so wurde Blindschreiben gelernt und geübt. Von der mittleren Buchstabenreihe ASDF und JKLÖ hat Josef wahrscheinlich nachts geträumt, so oft wurde immer wieder dasselbe geübt. Fräulein Reckebein, die Lehrerin, war sehr streng und ließ keinen Tippfehler durchgehen. Es wurde so lange geübt, bis in dem entsprechenden Text keine Fehler mehr vorkamen. Josef erinnert sich sehr gut an Fräulein Reckebein. Es war nicht verwunderlich, dass die Lehrerin in ihrem Alter noch Fräulein war. Nichts war an ihr hübsch, es war eher abstoßend, wenn sie beispielsweise hinter Josef stand und das Geschriebene laut las. Sie hatte eine „feuchte Aussprache", und Josef spürte das in seinem Genick sehr deutlich. Außerdem sammelten sich an ihren Mundwinkeln weiße Speichelreste sichtbar an, und sie merkte nichts davon. Sie war eine gute Lehrerin, trotz ihres unappetitlichen Aussehens. Josefs Leistungen waren, gemessen an den anderen Fächern, überdurchschnittlich gut.

Bis zum Ende der Lehrzeit hatten sich keine prägenden Erlebnisse ereignet, und die Kaufmannsgehilfenprüfung hatte Josef mit „befriedigend" bestanden.

DIE ERSTEN BERUFSJAHRE

Es war in der Zeit nach dem Krieg. Alles im Aufbau. So auch der europäische Gedanke. Herr Wolf, einer der Berufschullehrer, machte sich für Europa mächtig stark und warb für Mitgliedschaft im „Bund europäischer Jugend". Natürlich wurde Josef Mitglied, denn es fand reger Jugendaustausch statt. So kamen Jugendliche aus Frankreich, Belgien und Holland und besuchten uns in Deutschland. Und wir Jugendliche aus Deutschland organisierten Gegenbesuche. Es kam zu vielen neuen Bekanntschaften und Brieffreundschaften. Josef wurde zum Beispiel in eine holländische Familie eingeladen. Zuvor hatte Josef Jeanette bei einem Europatreffen in Holland kennengelernt und eine Brieffreundschaft begonnen. So war es zu einer Einladung gekommen. Es muss sich bei der holländischen Familie um eine sehr aufgeschlossene Familie gehandelt haben, denn Josef war als deutscher Jugendlicher akzeptiert. Er hatte nach den noch nicht allzu lange zurückliegenden Handlungen der Deutschen in Holland eine so herzliche Aufnahme nicht erwartet. Auch später hat Josef keine Diskriminierung wegen seiner deutschen Nationalität erfahren. Eine Beziehung, wie zum Beispiel bei Marianne hat sich aus keiner Brieffreundschaft ergeben.

Mehrere andere Freizeitaktivitäten wurden immer mehr genutzt. So ging Josef zum Beispiel zur Fahrschule. Die Fahrerlaubnisse der Kategorie 1 (alles, was zwei Räder hat) und 3 (zum Führen von Kraftfahrzeugen bis 7,5 t). Damals gab es noch kein Multiple-Choice-Verfahren. Der Stoff wurde den Schülern anhand von Wandkarten vermittelt. Es gab auch keine schriftliche Prüfung. Die praktische Ausbildung erfolgte bei Josefs Fahrschule auf einem Volkswagen Käfer der Standardausführung. Der Standard-Käfer hatte noch kein Synchrongetriebe und musste deshalb mit doppeltem Kuppeln und Zwischengas geschaltet werden.

Josef konnte die Kosten für die Ausbildung von seiner „Erziehungsbeihilfe" nicht selbst tragen. Die Erziehungsbeihilfe von im ersten Lehrjahr 30,00 DM stand den Eltern zu. Josef musste das Geld zu Hause abliefern. Es wurde Kostgeld geltend gemacht, und deshalb blieb wenig Geld zum privaten Gebrauch übrig. Die Einkünfte verbesserten sich im zweiten Lehrjahr auf 60,00 und im dritten Lehrjahr auf 90,00 DM. Der Vater bestand trotzdem auf einem Nachweis, wie das Geld ausgegeben wurde. Die Einnahmen und Ausgaben wurden nach Soll und Haben eingetragen in ein Oktavheft. Selbst der Saldo musste ausgeworfen werden. Freie Felder wurden durch eine sogenannte Buchhalternase vor weiteren Eintragungen geschützt. Josef und seine Brüder sollten auf diese Weise lernen mit Geld umzugehen. Das Heft mit den Aufzeichnungen musste dem Vater vorgelegt werden. Der „Monatsabschluss" hat natürlich buchhalterisch immer gestimmt, war aber genauso natürlich stimmend gemacht worden. Eine Buchführung muss, um akzeptiert zu werden, einfach stimmen. Es waren also Planung, Kreativität und Fantasie notwendig. Ob der Vater das je bemerkt hat, weiß Josef nicht mehr. Jedenfalls konnte der Vater nur akzeptieren, was aufgeschrieben war.

Der Vater hatte sich inzwischen beim Gaswerk zum Buchhalter hochgearbeitet und war mit dem Herrn Direktor befreundet. Der Direktor und seine Frau hatten zwei Söhne. Beide spielten im ortsansässigen Hockey-Kub. Der Direktor hatte dafür gesorgt, dass Josef in diesen Klub aufgenommen wurde. Josef kann sich nicht daran erinnern, gefragt worden zu sein, ob er das wollte oder nicht. Der Vater hatte so bestimmt, und der Sohn hatte zu folgen. Als Sohn eines Buchhalters in diesen etwas elitären Klub aufgenommen zu werden war bestimmt nicht üblich. Die meisten Spieler waren Söhne von Geschäftsleuten, Fabrikanten und Bankdirektoren. Josef fühlte sich in dieser Gesellschaftsschicht nie wohl. Seine Hemmungen wurden sogar noch gefördert. Josef hatte den Eindruck, die anderen Spieler ließen es ihn spüren, dass er nicht dazugehörte. Vielleicht hat sich Josef das aber auch nur eingebildet, weil es ja so perfekt in Josefs Persönlichkeitsstruktur passte.

In der Stadt gab es drei Kinos, die von Josef und seinen Freunden häufig besucht wurden. Der billigste Platz im Kino kostete

30 bis 50 Pfennige. Hauptsächlich wurden Western angeschaut. John Wayne, Alan Ladd und Gary Cooper waren Josefs Favoriten. Auf dem Weg nach Hause war der Gang breitbeinig und mit schräg nach außen abgewinkelten Armen, denn es ging John Wayne oder Gary Cooper nach Hause. Die Spielhalle auf dem Weg nach Hause war so einladend, dass Josef, ohne hineinzugehen, selten nach Hause kam. Flippern war damals billig, und auch die anderen Spiele, so etwas Ähnliches wie Tontaubenschießen oder elektrisches Kegeln, kosteten auch nicht viel Geld. Die Jugendlichen lernten sich kennen, und es wurde auch manches angestellt, was besser nicht passiert wäre. So nahm das Trinken von Alkohol immer mehr zu. Es wurde nicht nur Bier getrunken. Josef fühlte sich dort sehr wohl. In dieser Gesellschaft hatte er nämlich keine Hemmungen mehr. Die Wirkung des Alkohols und wahrscheinlich auch die Zugehörigkeit zur Clique hatten das bewirkt, aber nur vorübergehend. Auf dem Weg nach Hause lag die „Werre-Klause". Auch hier hielt sich Josef öfter auf. Ein Glas Bier kostete damals dreißig Pfennige, ein Glas Korn oder Wacholder fünfunddreißig Pfennige. In dieser Kellerkneipe waren hauptsächlich Männer, manchmal aber auch Frauen, meistens um die dreißig Jahre, zu Gast. Die Kneipe hatte ein Hinterzimmer, das der Wirt für einige Gäste freigab, wenn beispielsweise Stiefeltrinken angesagt war. Zu diesen Gästen zählte Josef oft. Oft waren auch Mädchen mit von der Partie. Nach einigen Runden Bier aus dem Stiefel kam es vor, dass das Licht gelöscht wurde, und jeder beschäftigte sich intensiv mit seiner momentanen Partnerin. Vorn in der Kneipe wurde oft gewürfelt oder Karten gespielt. Es gab manchmal Meinungsverschiedenheiten, die auch mit der Faust ausgetragen wurden. Nie hat sich Josef in Schlägereien verwickeln lassen. Gesagt hat er, das sei ihm zu primitiv, aber sicher spielte auch die Sorge um seine Garderobe eine Rolle. Wenn eine Hose oder Jacke zerrissen worden wäre, hätte Josef neue Garderobe kaufen müssen.

BIER UND BUNDESWEHR

1957 wurde die Bundeswehr eingerichtet. Josef war damals siebzehn Jahre alt. Die drei Lehrjahre hatte Josef erfolgreich abgeschlossen. Allerdings wäre das Arbeitsverhältnis kurz von Beendigung beinahe fristlos beendet worden. Was war geschehen? Josefs Aufgabe bestand unter anderem darin, von Kunden bestellte Schuhe als Paket verpackt dem Fahrer eines Linienbusses zu übergeben, der es dann am Zielort dem Kunden übergab. Zum Teil waren die Pakete so groß oder so viele, das Josef öfter mit dem VW-Standard fahren musste. Die Busse fuhren meistens zu vollen Stunden. Nun hatte der Chef Josef zufällig mit dem Paket abfahren sehen. Genauso zufällig war Josef eine Stunde später, nachdem er ein weiteres Pakete zu einem Bus gebracht hatte, vom Chef gesehen worden, als er zurückkam. Nun war der Chef der Meinung, Josef hätte für das eine Paket fast zwei Stunden gebraucht. Es wurde Josef unberechtigte Benutzung eines Geschäftswagens zum persönlichen Spaß unterstellt. Es kam zu einem sehr lauten Streit, weil der Chef Josef nicht glaubte. Der Gipfel war, dass Josef dem Chef mit der Bemerkung „Dann bringen Sie doch Ihre Pakete in Zukunft selbst zum Bus" die Tür vor der Nase zuwarf und nach Hause ging.

Was nun passierte, war für Josef so erschütternd im positiven Sinne, dass er es nicht vergessen konnte. Der Chef hatte sich nachmittags von seinem Fahrer, Herrn Kipp, in seiner schwarzen BMW-Limousine V8 zu Josef nach Hause fahren lassen. Er hatte mittlerweile den wahren Sachverhalt festgestellt und war nun gekommen, um sich zu entschuldigen. Josef solle doch am nächsten Tag wieder zur Arbeit kommen. Das tat Josef, und von nun an war das Verhältnis zwischen Chef und Josef ein völlig anderes. Dass sich ein Chef bei seinem Lehrling entschuldigt, hatte Josef vorher und auch sonst in seinem gesamten Leben nicht noch einmal erlebt. Daran aber hatte er erfahren, was Charakterstärke auch sein kann.

Josef meldete sich freiwillig bei der Bundeswehr. Er wollte erst den Wehrdienst ableisten, bevor er seine berufliche Laufbahn weiterverfolgte.

Josef hatte den Alkohol für sich entdeckt, weil er gemerkt hatte, dass seine Hemmungen damals nach zwei bis drei Gläsern Bier fast verschwunden waren. Der Fachmann würde von den Anfängen einer Form von Erleichterungstrinken sprechen. Josef hatte Jahre später erst erkannt, nachdem er sich im Laufe der Jahre zum Fachmann in eigener Sache herangetrunken hatte, dass er in dieser Zeit angefangen hatte alkoholabhängig zu werden.

Josef glaubt aus heutiger Sicht nicht, dass seinerzeit irgendjemand an Alkoholabhängigkeit gedacht hätte. Die Sensibilisierung der Jugendlichen sowie der Erwachsenen bezüglich Alkoholkonsum war so gut wie nicht vorhanden. Die Menschen damals freuten sich, dass es nach dem Kriege wieder aufwärtsging. Alle dachten nur an Aufschwung und waren begeistert davon, sich wieder etwas leisten zu können. Dazu gehörte ganz maßgeblich auch der Alkoholgenuss.

Niemand dachte an den Spruch von Ludwig Erhard. An den Spruch vom „Maßhalten". Jeder wollte so schnell wie eben möglich ein eigenes Auto, und das sollte nun auch schon besser, größer und teurer sein. Sehr viele Autos gab es noch nicht in der Zeit des Lloyd, des Messerschmitt Kabinenrollers und des Goggomobils. Es gab zwar eine Promillegrenze, die aber wenig beachtet wurde. Selbst die Polizei hatte wenig Interesse an Alkoholkontrollen. Es hat nicht selten Polizisten angetrunken im Dienst gegeben.

Josef hat heute den Eindruck, dass die Menschen rauschartig und mit Scheuklappen durch die Welt liefen. Alles wurde dem Konsum untergeordnet. Es begann die Sauf- und Fresswelle. Josef war in der Phase des Erwachsenwerdens, kannte nichts anderes, als die jetzige Zeit, in der ziemlich alles auf Konsum ausgerichtet war. Manche Tanzvergnügen im Saal endeten oft erst in den Morgenstunden. Genauso verhielt es sich bei Schützenfesten. Dorthin und natürlich auch zurück wurde mit dem Auto gefahren. Wenn das Zeltfest beispielsweise sechs bis sieben Kilometer von zu Hause stattfand, konnte keiner schwankend diese Strecke zurücklaufen. Es musste also, so gut es diesem Zustand ging, nach Hause gefahren werden. Es hielt sich der Spruch „Wenn du doppelt siehst, musst du beim Fahren ein Auge zuhalten, dann ist es einfach". Meistens wurde schon etwas „vorgewärmt", bevor das Festzelt betreten wurde. Vorwärmen war einfach, weil meistens vor dem Festzelt eine „Bierbude" stand. Folgender Spruch war Standard: „Auf einem Bein kann man nicht stehen, ein Dreibein steht immer." Und zu diesen drei Schnäpsen noch jeweils ein Bier. Dann war bald die Wirkung des Alkohols sicher spürbar, wurde aber von Josef und seinen Freunden nur als lustig empfunden.

In dieser Zeit begann der Weg in die spätere Alkoholabhängigkeit.

Es wurde zwar nicht ständig getrunken und gefeiert, aber gegen den Durst wurde selbstverständlich und ohne zu überlegen Bier getrunken. Josef kann sich nicht erinnern, in dieser Zeit jemals darüber nachgedacht zu haben, sich zwischen Bier oder einem anderen Getränk zu entscheiden. Es gehörte zum ganz normalen Verhalten.

Josef meldete sich also freiwillig zur Bundeswehr. Er hatte sich vorgestellt zu einer Einheit eingezogen zu werden, die dem Transportwesen angehörte. Ein Ziel bei der Bundeswehr war der Erwerb aller Führerscheine. Allerdings wurde Josef zu einem Sanitätsbataillon eingezogen. Es war Josef keineswegs recht, aber am Ende stellte sich das Ganze doch als positiv dar.

Wie jeder Rekrut musste Josef im ersten Vierteljahr eine Infanteriegefechtsausbildung absolvieren. Es gab die verschiedensten Ausbildungsziele, zum Beispiel die Formalausbildung. Hier wurde den Rekruten das Marschieren und die Kommandos der jeweiligen Kompanieführer beigebracht. Ein sehr wichtiges Thema war die Truppenhygiene. Der Dozent war ein Oberfeldwebel aus dem Zweiten Weltkrieg. Eine Aussage des Dozenten ist bei Josef noch in Erinnerung. Es ging ihm hier um ein sehr wichtiges Thema, nämlich die Selbstbefriedigung. Er hat den Rekruten damals mit vollem Ernst erklärt, dass Selbstbefriedigung

Hirnschäden nach sich ziehen könnte. Es hat wahrscheinlich Rekruten gegeben, die das geglaubt haben. Aus heutiger Sicht kennzeichnet diese Aussage die damalige moralische und sehr spießige Grundhaltung der Gesellschaft.

Nach Abschluss der Grundausbildung wurde Josef ins Geschäftszimmer (früher Schreibstube) befohlen, und zwar nicht im Arbeitsanzug, sondern im Dienstanzug. Der Dienstanzug bestand damals aus einer graublauen kurzen Jacke und einer ebenso graublauen Hose. Dazu Knobelbecher. Die Hose hatte unten im Saum ein Band eingearbeitet. Das Band und somit das Hosenbein wurde zusammengezogen und die Hose über die Stiefel gezogen. So entstand die damals sogenannte Überfallhose.

Soldat Josef Schutzmeyer hatte sich also im Geschäftszimmer einzufinden. Nach der Meldung und Strammstehen wurde Josef befohlen ab dem nächsten Tag im Geschäftszimmer zu arbeiten. Das Personal des Geschäftszimmers bestand aus dem Kompaniechef, dem Hauptmann Nellen, dem Kompaniefeldwebel Krauss, zwei Unteroffizieren und zwei Schreibern. Einer davon war Josef. Alle sogenannten Funktioner waren auf einer Stube untergebracht und mussten nicht am normalen Kompaniedienst teilnehmen. Funktioner waren der Rechnungsführergehilfe, der von der Waffenkammer und von der Kleiderkammer. Für Josef kam dies einer Beförderung gleich. Der einzige Dienst, den Josef gern mitmachte, waren Schießübungen. An den Schießübungen nahmen die Unteroffiziere, die Schreiber, der Kompaniefeldwebel und manchmal auch die Zugführer teil. Ziel der Übung war, der schlechteste Schütze musste für die nächste Kiste Bier sorgen. Die benutzte Waffe musste Josef nicht selber reinigen. Dafür sorgte der „Waffenkammerbulle". Es war verboten, private Kleidungsstücke mit der Dienstwäsche waschen zu lassen. Jeder der Funktioner hat es getan. Jeder hat es von dem anderen gewusst. Keiner hat etwas gesagt.

Die unteren Dienstgrade, bis zum Stabsunteroffizier, waren vom damaligen Bundesgrenzschutz zur Bundeswehr gekommen. Alle dann folgenden Dienstgrade waren durchweg Veteranen des

Zweiten Weltkriegs. Frisch ausgebildetes Personal gab es damals noch nicht.

Josefs Aufgabe war unter anderem das Schreiben von Dienstplänen und eine, wie sich bald herausstellte, sehr interessante. Er war für die Verwaltung der Urlaubsangelegenheiten der Kompanie zuständig. Es mussten Urlaubsscheine geschrieben werden, die dann der Kompaniechef unterschreiben musste. Dann gab es den Bereitschaftsdienst, um den Kompaniebetrieb aufrechtzuerhalten und im Falle eines Alarms entsprechend reagieren zu können. Hierzu mussten die notwendigen Dienstpläne erstellt werden. Die Rekruten konnten, wenn sie keinen anderen Dienst hatten, Nachturlaub beantragen. Hierzu wurden Nachturlaubsheftchen ausgegeben. die Josef verwalten musste. Die Namen der sich außerhalb des Kasernenbereiches aufhaltenden Soldaten mussten im sogenannten Urlaubsbuch eingetragen werden. Es gab auch Nachturlaubskarten, die gesondert ausgegeben werden konnten, und zwar ohne Eintragung in das Urlaubsbuch. Besonders beliebt waren diese Karten bei den Unteroffizieren des Geschäftszimmers. Für Soldat Josef Schutzmeyer war das sehr interessant, denn er konnte, sooft er wollte, Nachturlaub haben, indem er einfach eine Karte in die Tasche steckte.

Doch während der Grundausbildung war das nicht möglich, und es musste eine andere Variante gefunden werden. Wenn beispielsweise die angegebene Zeit des Nachtausgangs nicht reichte, weil beispielsweise noch weitergefeiert werden sollte, wurde der Spieß (Kompaniefeldwebel) ausfindig gemacht und dieser dann um Verlängerung gebeten. Wenn Oberfeld Kraus der Verlängerung zustimmte, musste das im Nachturlaubsheft dokumentiert werden. Die Unterschrift war manchmal kaum mit der normalen Unterschrift zu vergleichen. Beide, der Antragsteller und der Oberfeld, waren bereits so angeheitert, dass groteske Situationen entstanden. Aber es war immer lustig.

Dies war aber nur in der Grundausbildung manchmal wichtig. Später, als Schreiber auf dem Geschäftszimmer, war das kein brennendes Thema mehr. Wie schon beschrieben machte sich jeder seinen Nachturlaub selbst. Ein weiterer Vorteil war, dass die anderen Funktioner gegen Nachturlaubskarten Josefs Gewehr reinigten, die privaten Hemden in die Wäscherei gaben und dass der ReFü den Soldaten Schutzmeyer aus der Verpflegungsliste für den Bereitschaftsdienst strich und dies regelmäßig zufällig auf der Verpflegungskarte vergaß. So haben sich die Funktioner gegenseitig ein wenig „geholfen".

Josef war W12, d. h. ein Jahr Grundwehrdienst, und wurde als Gefreiter der Ersatzreserve 1 entlassen. Er ging zur alten Arbeitsstelle zurück und lebte also wieder bei seinen Eltern.

Die ganz normale Entwickelung vom Jungen zum Jugendlichen hat auch Josef betroffen. Das andere Geschlecht wurde immer wichtiger. Josef konnte sich nicht vorstellen, dass ein Mädchen für ihn ernsthaftes Interesse zeigen oder sogar echte Zuneigung empfinden könnte. Die Pubertät war bei Josef vorbei, die körperlichen Voraussetzungen waren völlig normal, und trotzdem hatte er Angst davor, geschlechtlich zu versagen. Die anderen jungen Männer prahlten mit ihren Erfolgen bei den Mädchen, und Josef hat ihnen geglaubt. Ein Freund aus der Berufsschule und Josef hatten viele Tanzbekanntschaften, die des Öfteren auf einer Parkbank bei Morgengrauen endeten. Der Freund hieß Helmut, und seine Eltern waren aus Schlesien geflohen. Es waren recht einfache, aber herzliche Leute, und Josef war oft zu Besuch. Josefs Eltern war das gar nicht recht. Die Maßgabe der Eltern immer nach oben, nach Besserem zu schauen, hatte Josef ignoriert. Zu solchen Leuten ging man nicht, zumal Frau Werner hier und da völlig betrunken in der Nachbarschaft aufgefunden wurde. Auch Josefs Freund war dem Alkohol sehr zugetan. Hier hatten sich zwei mit gleichen Interessen getroffen.

Der Vater hatte immer gesagt: „Heiratet aus Liebe, aber liebt da, wo Geld ist."

Unter einfachen Leuten fühlte sich Josef wohler, weil er sich bei diesen normal verhalten konnte. Hier traten seine Hemmungen zurück, weil Josef meinte, den Anforderungen gewachsen zu sein.

Nicht so bei Vorgesetzten oder vermeintlich höhergestellten Personen. Auf Mädchen aus besseren Kreisen sowie auch auf einfache Mädchen traf das nicht zu. Josef konnte sich überhaupt nicht vorstellen, dass irgendein Mädchen ihn mögen könnte. Wie der Vater schon öfter gesagt hatte, so fühlte sich Josef, nämlich lebensuntüchtig.

In dieser Zeit wurde sehr viel Alkohol getrunken, und niemand hat sich Gedanken über Abhängigkeit gemacht. Jeder hat kräftig und oft gefeiert mit dem anschließenden individuell verschiedenen Kater. Das war normal.

Auch Josef empfand es als völlig normal, wie viele andere einen ausgewachsenen Kater zu haben. Den Spruch vom Teufel, den man mit dem Belzebub austreiben muss, hörte Josef des Öfteren. Das hieß aber nichts anderes, als morgens schon wieder mit dem Trinken anzufangen. Dies war Josef nicht bewusst, denn er hatte damals auch noch keine Entzugserscheinungen. Wenn er schon welche gehabt hätte, hätte er sie nicht als solche erkennen können. Das erst später erlernte „Fachwissen" fehlte Josef noch.

Nach der Zeit in der Bundeswehr arbeitete Josef wieder bei der Firma, für die er vor der Bundeswehr auch schon gearbeitet hatte, nur diesmal als kaufmännischer Angestellter. Der erste Lohn als Angestellter betrug damals 135 DM. Als angehender Lagerist hatte er auch die Aufgabe, den Kunden, meistens Schuhmachermeistern mit einem kleinen Einzelhandelsgeschäft, die Einkaufswünsche zu erfüllen. Der Kontakt mit anderen Menschen machte ihm sehr viel Spaß. Diese Arbeit im Lager der Schuhgroßhandlung, das Einsortieren der Schuhkartons an den richtigen Stellen in ein Regal hatte nichts mehr mit der eintönigen Büroarbeit gemein. Es war schon mehr praktische Arbeit, die zu leisten war. Auch wurde Josef zu Arbeiten in einem Zweiglager eingesetzt. Bei der Fahrt zu einem Lager fuhr auch Rosie, eine Volontärin mit, und Josef war begeistert von ihr. Zaghaft versuchte er ihr näherzukommen. Schwierig waren diese Annäherungsversuche auch deshalb, weil Rosi nicht nur hübsch war, sondern auch die Tochter eines großen Schuheinzelhändlers war. An die Auswirkungen seiner Hemmungen und Minderwertigkeitskomplexe kann sich Josef deutlich erinnern. Dieses quälende

Wollen und es dann doch nicht wagen ist psychisch schlecht zu ertragen, macht unglücklich. Bald ging Rosi zurück in das elterliche Geschäft, und damit waren für Josef sowieso alle Möglichkeiten erschöpft.

DER TRAUM UND DIE BITTERE REALITÄT

In dieser Zeit muss es gewesen sein, dass Josef einen Traum hatte, den er heute noch vor Augen hat. Das Besondere an dem Traum war, dass das, was im Traum passierte, sich später genauso zugetragen hat. Und zwar war Josef als Reisender im Außendienst beschäftigt. Der weiße Geschäftswagen war bei herrlichem Sonnenschein unter Bäumen geparkt. Josef saß in einem beigebraunen Anzug im Auto und schrieb wahrscheinlich Reiseberichte. Das weiße Nylonhemd mit doppelter Manschette und die braun-beige gestreifte Krawatte vervollständigten die elegante Gesamterscheinung. Einige Jahre später war Josef tatsächlich im Außendienst für eine Schuhfabrik tätig.

Josef wohnte damals noch bei seinen Eltern zu Hause. Bruder Peter war schon ausgeflogen. Auch er wollte wohl dem Druck durch den Vater entkommen und arbeitete im Außendienst für eine Firma in Bayern. Josef wollte sich auch dem Einfluss der Eltern entziehen und hatte sich u. a. bei einem Handelsvertreter als Mitreisender beworben. So entschied er sich für einen Handelsvertreter mit Namen Rosenkranz. Er war offensichtlich sehr erfolgreich, denn er beschäftigte neben Josef noch einen weiteren Mitreisenden und eine Bürokraft. Herr Rosenkranz war eine äußerst dominante Person, der kaum etwas recht gemacht werden konnte. Er regte sich oft furchtbar schnell auf und wurde dann nicht selten anzüglich bis beleidigend. Josef hatte sich also den komplett falschen Arbeitsplatz ausgesucht, und er hätte es vorher wissen können.

Herr Rosenkranz war eine hochgewachsene Person mit einem immer, auch ohne Underberg, hochroten, ungesunden Gesicht. Die dunkelrote Knollennase, der darunterliegende sehr üppige, durch ständiges Rauchen von „Simon Arzt"-Zigaretten gelblich braun gefärbte Schnauzbart und die laute, etwas krächzende Stimme ließen darauf schließen, dass er auch viel Alkohol trank. Der schwarze Homburger und der nie fehlende lange

Kamelhaarmantel sowie auch der neueste Opel Kapitän rundeten der Persönlichkeit eines Patriarchen ab.

In Josefs Denk- und Gefühlsschema passte dieses Arbeitsverhältnis zu hundert Prozent. Es war eine der schlimmsten psychischen Leidenszeiten, an die sich Josef erinnert.

Die Tochter eines Freundes des Vaters wohnte nicht weit von Josefs Arbeitsplatz entfernt, und die Eltern hatten Fräulein Möhren gebeten sich um Josef zu kümmern. Fräulein Möhren hatte eine eigene Wohnung und war alleinstehend. Josef wurde oft von ihr zum Kaffee eingeladen. Er erinnert sich an hochemotionale, knisternde und eindeutige Situationen. Aus Angst zu versagen hat er die weit offen stehenden Türen nicht durchschritten.

Nur ein halbes Jahr dauerte der Versuch, als Mitreisender zu arbeiten.

ERFAHRUNGEN IM SCHUHEINZELHANDEL

Josef kehrte nach Bad Oexenhausen zurück, suchte sich eine neue Arbeitsstelle in einem renommierten Schuheinzelhandelsgeschäft. Es begann für Josef ein neuer Lebensabschnitt. Er musste gerade in der Anfangsphase sehr viele lernen. Schuhe verkaufen bedeutet ziemlich engen Kontakt mit Kunden und Kundinnen. Der damalige Service bestand darin, den Kunden und Kundinnen beim Anprobieren der Schuhe behilflich zu sein. In den ersten Wochen fühlte sich Josef ähnlich unwohl wie bei seinem Laienspielauftritt bei Herrn Schürmann in der Schule.

Ziemlich schnell wurde Josef selbstsicherer. Er entwickelte sich zu einem guten Verkäufer, denn die Verkaufsgespräche machten ihm Freude. Selten geschah ein „Tippel". Einen Tippel haben heißt, ein Kunde ist, ohne zu kaufen, gegangen.

Er hatte noch drei Kollegen und mindestens 12 Kolleginnen verschiedener Altersstufen, sicher von 18 bis 58 Jahren. Die männlichen Arbeitskräfte wurden auch für andere Aufgaben eingesetzt. So wurde Josef auch manchmal zur Verkaufsaufsicht beordert. Die Aufgabe bestand darin, keinen Kunden warten zu lassen und möglichst sofort eine Verkäuferin für ihn zu finden. Manchmal fühlten sich Verkäuferinnen bevorzugt oder benachteiligt. Deshalb gab es hier und da Unstimmigkeiten und Verdruss. Es bedurfte vielen Feingefühls, um Eskalationen zu vermeiden. Josef lernte mit jungen Verkäuferinnen zu arbeiten und verlor die Scheu vor jungen Frauen. Es war eine der wenigen erfolgreichen Phasen in Josefs Leben.

Selbstverständlich erschienen alle Kollegen täglich im Anzug mit Krawatte. Die Verkäuferinnen trugen blaue, vorn geknöpfte Arbeitskittel. Manchmal waren es ganz reizvolle Momente, wenn eine Verkäuferin einem Kunden die Schuhe anprobierte. Es war dazu notwendig, dass die Verkäuferin schräg vor dem Kunden auf dem Probierhocker saß und ihre Arbeit versah.

An jedem Tag war von 13–15 Uhr Mittagspause, Josef ging dann oft in ein nahe gelegenes Café. Um vor den anderen Gästen seine Bedeutung und seinen Status zu verdeutlichen, wurde der „Spiegel" gelesen. Auf dem Wege vom Eingang zu dem Platz am Fenster wurde der Spiegel wie rein zufällig so in der Hand gehalten, dass jeder sehen konnte, hier liest ein junger, eleganter Mann den „Spiegel". Aber was niemand wusste, es fiel Josef zunächst schwer, bei manchen Artikeln den Sinn sofort zu verstehen. Heute hat Josef ein solches „Theater" nicht mehr nötig.

In der Mittagspause wurde kein Alkohol getrunken. Abends, schon auf dem Weg zum Bahnhof, umso mehr.

Immer nach einigen Wochen mussten Schaufenster neu dekoriert werden. Eine Hilfsmannschaft aus einigen jungen Verkäuferinnen und zwei männlichen Mitarbeitern mussten nach Ladenschluss die Schaufenster ausräumen und die neue Dekoration vorbereiten, und zwar unter Leitung des Chefdekorateurs „Daddy Nideree". Alle Mitarbeiter nannten ihn Daddy. Er war schon älter, weißhaarig und trank gern alkoholische Getränke. Nachdem seine Ehefrau gestorben war, wurde das Trinken mehr. So wurde an solchen Dekorationsabenden nicht nur von „Daddy" viel getrunken, sondern alle machten mit, besonders die männlichen Kollegen. Es war oft eine lustige Gesellschaft. Trotzdem war das Schaufenster am nächsten Morgen ohne Mängel und Reklamationen vonseiten des Chefs abgenommen und für einwandfrei erklärt.

Josef hatte noch eine Aufgabe zusätzlich bekommen, nämlich alle Utensilien zur Schuhpflege zu überwachen. Das bedeutete, die Bestände des Lagers ständig im Auge zu behalten und die Nachbestellungen zu tätigen. Von allen Artikeln musste eine ausreichende Anzahl vorhanden sein. Zunächst wurde Josef die Aufgabe nur während des Urlaubs des Geschäftsführers übertragen. Später wurde ihm der Einkauf dieser Artikel dauerhaft übertragen.

Für andere mag dieser Umstand mehr oder weniger unbedeutend sein. Josef aber empfand das als Auszeichnung, und es hat ihm mehr Selbstvertrauen gegeben.

Das Schuhhaus expandierte. Es wurde ein neues Geschäft eröffnet. Dieses war gezielt auf bessere, erlesenere und teurere Ware ausgerichtet. Ganz in der Nähe war nämlich ein Schuhgeschäft das ausschließlich die teuersten Modelle führte. Diesem Geschäft sollte Konkurrenz geboten werden.

SCHUHFACHSCHULE PIRMASENS

Josef wurde von seinem Chef, als einziger männlicher Mitarbeiter, zu einem Fortbildungslehrgang in der damaligen Schuhmetropole Pirmasens geschickt. Das Thema des Lehrganges war „Die Führung eines Schuheinzelhandelsgeschäftes". Alle wichtigen Themen hierzu wurden gelehrt. Auf Personalführung wurde besonders großer Wert gelegt. Aber auch die anderen Themen, so z. B Einkauf, Verkauf, Lagerhaltung, Umsatzdrehzahl. Juristische Themen sowie die Orthopädie des Fußes und die Einführung in die wichtigsten Fakten der Schuhproduktion wurden gelehrt. Nicht zuletzt waren auch Themen der Finanzverwaltung, Buchhaltung und Kalkulation wichtige Themen.
Der ganze Lehrgang lief über ein Vierteljahr.

Nach Beendigung des Lehrgangs sollte Josef zunächst als Substitut in dem neuen Geschäft arbeiten, mit der Aussicht, später zum Geschäftsführer zu avancieren.

Die Teilnehmer des Lehrgangs waren ausschließlich Töchter und Söhne von Schuhhändlern. Das hatte zur Folge, dass Josef sich sofort wieder gehemmt fühlte. In seinen Augen waren alle Teilnehmer, außer ihm, aus höhergestellten Familien. Josefs Vater hatte immer gesagt, schaut immer und in allem nach oben, oder liebt da, wo Geld ist. Solche und ähnliche „Sprüche" hatten bei Josef die Minderwertigkeitsgefühle nur verstärkt. Wie sollte denn Josef, dem ja vom Vater öfter gesagt worden war, dass er „lebensuntauglich" sei, da gegenüber von Schuhhändlersöhnen als gleichwertig empfinden? Noch größer waren Josefs Hemmungen gegenüber den Schuhhändlerstöchtern, denn es kam noch hinzu, dass die Töchter ja weibliche Wesen waren. Schon unter normalen Umständen konnte sich Josef nicht vorstellen, dass er von einer Frau beachtet würde. Und nun waren hier viele junge Frauen aus höhergestellten Kreisen, die Josef schon gar nicht wahrnehmen würden.

Josef hatte ja schon die Erfahrung gemacht, wie einige Gläser Bier die Hemmungen wegbliesen.
 Gerade in dem damaligen Alter der Teilnehmer war der Alkoholkonsum, vor allem bei jungen Männern, üblich. Und so wurde kräftig und oft gefeiert. Deshalb ist den Teilnehmern wahrscheinlich nicht einmal aufgefallen, in welcher Gemütsverfassung sich Josef befand.
 Josef glaubt heute, dass seine Alkoholabhängigkeit in dieser Zeit begann. In dieser Zeit war es auch, dass Josef einen Kater bei sich bemerkte und das unangenehme Gefühl hatte, etwas falsch zu machen.
 Nach einer feuchtfröhlichen Feier wachte Josef nachts mit großem Nachdurst auf und hatte das starke Gefühl, etwas Alkoholisches trinken zu müssen. Also schlich er sich durch den Speisesaal in die Küche und nahm sich zwei Flaschen Bier mit aufs Zimmer. Zum Frühstück waren die beiden Flaschen leer.
 Josef hat sich so geschämt für sein Tun, das er nicht gewagt hat, diese zwei Bier zu bezahlen.
 Er hätte sonst zugeben müssen, was in der Nacht passiert war. Im Klartext heißt das, Josef hatte Alkohol gestohlen, um sich zufriedenzustellen. Heute weiß Josef, dass solch ein Verhalten eindeutig alkoholisches Verhalten ist.
 Den Lehrgang hat Josef trotzdem mit einem beachtlichen Erfolg abgeschlossen.

Zurückgekehrt an seinen Arbeitsplatz musste Josef erleben, dass während seiner Abwesenheit eine Geschäftsführerin eingestellt worden war. Seine Enttäuschung war sehr groß, weil die Aussicht, selbst später einmal Geschäftsführer zu werden, in weite Ferne gerückt war. Vielleicht sogar völlig aussichtslos, denn die Geschäftsführerin hatte sich bei der Geschäftsleitung schnell einen sehr guten Ruf erworben. Sie war, das musste Josef zugeben, sehr tüchtig. Josef war damals sicher noch nicht in der Lage, ein solches modernes Geschäft mit etwa fünfzehn Mitarbeiterinnen zu führen. Dazu kam noch, dass Josef durch sein junges Alter wahrscheinlich Schwierigkeiten gehabt hätte, von den

Mitarbeiterinnen als Vorgesetzter akzeptiert zu werden. Trotz dieser objektiven Einschätzung war Josef doch sehr enttäuscht. Weil die Aufstiegsmöglichkeiten in diesem Hause nicht gut waren, bewarb sich Josef bei dem besten Schuhgeschäft in der Leineweberstadt. Bally-Schuhe gab es nur hier und nur einmal am Platze. Inhaber des Geschäftes waren zwei alte Damen, die sich nie gut vertragen konnten. Die eine alte Dame hatte die Herrenabteilung, Die zweite Dame war für die Damenabteilung zuständig und hatte zu ihrer Unterstützung einen Mitarbeiter an ihrer Seite, der praktisch die Abteilung führte. Für die Herrenabteilung war Josef nun in gleicher Position verantwortlich wie der Kollege in der Damenabteilung.

Durch die ständigen Zwistigkeiten der beiden alten Damen war das Betriebsklima sehr schlecht, und so entstand der Wunsch, sich eine andere Position zu suchen. Nach einem Inserat in der Fachzeitschrift des Schuhhandels wurde eine Vorstellungsrundreise durch Deutschland notwendig.

In den Jahren des Aufbaues war es in Deutschland keine Schwierigkeit, die Arbeitsstelle zu wechseln. Meistens war auch eine Aufstockung der Einkünfte damit verbunden.

Josef entschied sich für ein großes Schuhhaus mit einigen Filialen in Frankfurt. Er hatte sich als Filialleiter beworben und die Stellung auch erhalten. Ein möbliertes Zimmer in der Villa der Seniorchefin wurde kostenlos zur Verfügung gestellt. Auch den Daimler 220 S durfte Josef benutzen. Die Villa befand sich in Sachsenhausen. Josef und die Seniorin fuhren jeden Tag in das Hauptgeschäft an der Hauptwache. Bald stellte Josef fest, dass seine Aufgabe hauptsächlich darin bestehen sollte, Ware aus dem Zentrallager mit dem 220 S zu den einzelnen Filialen zu fahren und hauptsächlich an langen Samstagen in einer der Filialen die Kasse zu übernehmen. Von der Leitung einer Filiale war nicht mehr die Rede.

Die Eltern von Josef hatten in Frankfurt eine Bekannte, die sich auf Drängen der Eltern um Josef kümmern sollte. Josefs Mutter hatte sicherlich Angst, ihren Sohn allein in der großen, fremden Weltstadt untergehen zu sehen. Diese Bekannte empfahl

Josef doch einem gemischten Chor beizutreten, um den einen oder anderen Abend Singen zu üben. Das Vereinslokal war eine „Äppelwoi"kneipe in Sachsenhausen. Mancher Übungsabend ging über Mitternacht hinaus. Einen Unterschied machten diese Abende gegenüber den gewohnten, denn das Angetrunkensein war nicht wie üblich durch Bier entstanden, sondern durch Apfelwein.

Ein anderer Chor aus Lohr am Main hatte Josefs Chor zum gemeinsamen Singen eingeladen. Auf der feuchtfröhlichen Bahnfahrt nach Lohr lernten sich Josef und ein weibliches Chormitglied etwas näher kennen. Barbara, genannt Witwe Bolte, arbeitete in einer Bäckerei in Sachsenhausen. Es war Barbara von ihrem Chef strikt untersagt, Herrenbesuch zu empfangen. Nachdem Barbara und Josef bei dem Sängertreffen das Bedürfnis hatten, einmal alleine zu sein, musste der 220 S herhalten. Eisige Kälte und die Enge im Auto unterstützten Josefs Befürchtung zu versagen. Selbstverständlich traten diese Befürchtungen ein. So hatte Josef wieder einmal die Bestätigung seiner Minderwertigkeit. Allerdings war die Enge in Barbaras Dachkammer in der Bäckerei nicht so groß, und die Temperatur war auch in Ordnung.

Bei Josef wuchs im Laufe der Zeit die Erkenntnis, dass die Versprechungen dieses Schuhhauses nicht eingehalten würden. Deshalb kündigte Josef das Arbeitsverhältnis kurzfristig und kehrte, wenn auch ungern, nach Hause zurück. Der Neustart sollte nun im Außendienst gelingen.

IM AUSSENDIENST

Josef inserierte noch einmal in der Schuhfachzeitschrift. Wieder kamen einige interessante Angebote. Josef entschied sich für die Position eines Reisenden für eine orthopädische Schuhfabrik. Diese Firma kannte Josef schon aus seiner Zeit im Schuhgroßhandel. Er war jede Woche von Montag bis Freitag unterwegs und musste immer in Hotels übernachten, denn für eine Heimreise war der Weg zu weit. Die meisten damaligen Hotels waren Gaststätten mit Fremdenzimmern. Josef kann sich an manche feuchtfröhlichen Abende in einer Hotelgaststätte erinnern. Der morgendliche Kater war im Alter von 21 Jahren nicht schwer zu ertragen. Josef kann sich an eine Episode erinnern, die schon einigermaßen extrem endete. Er musste in Bremerhaven übernachten. In der Hotelgaststätte lernte er an der Theke einen Schiffssteward kennen, der ihn einlud am nächsten Tag das Schiff zu besichtigen. Die Führung durch das Schiff endete in der Kombüse des Stewarts. Josef kann sich noch an die Enge dieser Doppelkabine erinnern. Es waren dort für den Steward und seinen Kollegen je eine Kognak- und eine Rumflasche, Inhalt mindestens 20 Liter, so in Haltern aufgehängt, dass sie bei Seegang an Ort und Stelle blieben und außerdem nur etwas nach vorne gekippt werden mussten, um sich ein Glas einzuschenken. Der Steward und Josef konnten sich nicht entscheiden, ob der Rum oder der Kognak besser schmeckten. Auf jeden Fall war es nicht das Schiff, das schwankte, als Josef von Bord „ging". Zu diesem Zeitpunkt war es schon wieder Nachmittag. Josef hatte das Zimmer vom Vortag aufgegeben und sich geschämt in dem momentanen Zustand in einem anderen Hotel einzuchecken. Deshalb fand er ein passendes Waldstück, breitete die mitgebrachte Decke aus und schlief erst einmal seinen Rausch aus. An ernsthafte Arbeit war an diesem Tag nicht mehr zu denken. Trotz der damals in Sachen Alkoholgenuss sehr viel lockereren Zeit sollten solche Exzesse einem normalen Menschen nicht passieren. Heute zieht Josef den Schluss daraus, dass er damals schon, es war das Jahr 1965, nicht mehr kontrolliert Alkohol trinken konnte. Typisch für Alkoholiker ist es nämlich, nicht mehr genau zu wissen, wie viel und was getrunken wurde.

Für Josef war es noch ein weiter Weg bis zur Erkenntnis der Wahrheit.

GUDRUN UND ELTERN

Das Kennenlernen seiner Frau Gudrun war, aus der heutigen Zeit betrachtet, typisch für Josefs Persönlichkeitsprofil.

Nachdem der Tanzkursus mit dem Abschlussball beendet war, ging Josef mit seinem Freud Helmut öfter auf die nahe gelegenen Tanzböden. Auch Zeltfeste wurden besucht. Der Besuch solcher Feste machte erst dann richtig Freude, wenn einige Gläser Bier an der Theke getrunken waren und die Wirkung spürbar wurde. Josef stand nicht allein an der Theke, denn in den Tanzpausen hatten die jungen Männer in Dreierreihen die Theke belagert. Ob andere junge Männer die gleichen Schwierigkeiten wie er hatten, hat Josef nicht bemerkt. Bei ihm allerdings war es so, dass er die leere Tanzfläche vor lauter Hemmungen und Selbstunsicherheit nicht überqueren konnte. Mit der Wirkung einiger Gläser Bier war dies wie weggeblasen.

So war Josef wieder einmal bei einer Tanzveranstaltung und wollte ein Mädchen zum Tanz auffordern. Die leere Tanzfläche zu überqueren war schon keine Schwierigkeit mehr. Als er jedoch vor dem Tisch stand, an dem die jungen Mädchen saßen und ihre Sinalco mit Eierlikör tranken, war das von Josef anvisierte Mädchen nicht mehr auf seinem Platz. Um sich nicht zu blamieren, forderte Josef irgendein Mädchen von dem Tisch zum Tanzen auf. Dieses irgendeine Mädchen wurde Josefs spätere Ehefrau. Und bei diesem ersten Tanz kam ein Gespräch zustande, was vorher noch nie passiert war. Es war vor diesem Tanz immer so, dass jeder der jeweiligen Tanzpartner in eine andere Richtung schaute, und außer „Darf ich bitten?" und „Danke für den Tanz" wurde nicht gesprochen.

Bei Gudrun war das völlig anders. Josef konnte mit ihr sprechen. Sie sprach auch und vermittelte ihm so das Gefühl, anerkannt zu werden. Es folgten weitere Tänze. Nur noch Gudrun wurde zum Tanzen aufgefordert, und sie hat nie Nein gesagt. So wurde im Saal getanzt und an der Theke getrunken. Der Bruder von Gudrun war mit seiner Freundin auch in diesem Tanzlokal, allerdings in der Gaststätte in der Nähe der Theke. Der Tanz war zu Ende. Die Kapelle hatte schon „Auf Wiedersehen, auf Wiedersehen" gespielt, und Gudrun stellte Josef ihrem Bruder vor. Einige Runden Bier später trennte Josef sich nicht ohne eine Verabredung für den folgenden Sonntagnachmittag.

Josef war keinesfalls davon überzeugt, dass Gudrun zu dem Treff erscheinen würde. Denn das hätte ja bedeutet, dass sie sich für Josef interessierte. Aber sie ist gekommen. So begann die Beziehung mit Gudrun. Sie war noch nicht einmal zwanzig Jahre alt und bereits Sekretärin des stellvertretenden Bankdirektors, was Josef, der ja auch Kaufmann war, sehr beeindruckte.

Die Verabredungen wurden häufiger und auch intimer. Gudrun hat geglaubt, dass mit dem in ihren Augen normalen Josef alles körperlich in Ordnung war. Sie hatte aber seine Versagensängste gespürt und ihm immer wieder Mut gemacht, daran nicht zu glauben. Es hatte sich im Laufe der ersten Monate eine doch recht intensive Beziehung entwickelt.

Josef hatte zu dieser Zeit eine neue Position im Schuheinzelhandel angenommen. Um seine Arbeitsstelle in der nächsten großen Stadt zu erreichen, war eine tägliche Bahnfahrt erforderlich. Gudruns s Elternhaus lag am Wege vom Bahnhof zu Josefs Elternhaus. Er kam also jeden Abend bei Gudruns n Elternhaus vorbei. Gudrun hatte ihr eigenes Zimmer. Das Fenster war zur Straße gelegen, und so wurde aus jedem Weg nach Hause ein kurzer Treff. Bald wurde Josef den Eltern vor Gudrun vorgestellt, und es kam vor, dass Josef zum gemeinsamen Abendessen eingeladen wurde. So lernte Josef Gudruns Familie kennen. Zum ersten Mal in seinem Leben nahm Josef am Leben einer anderen Familie teil. Vieles war für Josef anders. Zum einen wurde dort üppig gegessen, und jeder konnte sich so viel und so oft nehmen, wie er wollte. Anders als bei Josefs Familie, hauptsächlich durch den Vater, der streng darauf achtete, dass jeder bescheiden und in Knigge-Sitzhaltung seine Mahlzeit zu sich nahm. Auch die Lebensmittel waren unterschiedlich in Art und Menge. Josef kann sich nicht erinnern je zu Hause so viele verschiedene Fleisch- und Käsesorten auf dem

Tisch gesehen zu haben. Die gesamte Atmosphäre bei Tisch war viel gelöster und freier. Dieser erste Einblick in die Familie, jedenfalls von dieser Seite aus betrachtet, war für Josef recht sympathisch. Es gab noch einen gravierenden Unterschied bei den beiden Familien. Das Trinken von Alkohol, z. B. von Bier, Schnaps und von selbst erzeugtem Wein, war üblich und von denen, die nicht tranken, akzeptiert. Gudruns Vater trank viel, und auch der ältere Bruder von Gudrun konsumierte weniger.

Bald wurde Gudrun von Josefs Eltern eingeladen. Nachdem Josefs Vater sich über den Beruf und den sozialen Status von Gudrun Eltern orientiert hatte, wurden Gudrun und ihre Eltern unverständlicherweise viele Stufen unter dem vom Vater für sich beanspruchten Niveau angesiedelt. Der Sohn hatte offensichtlich wieder einen Ratschlag des Vaters nicht beachtet, der ja lautete „Heiratet aus Liebe, aber liebt da, wo Geld ist". Der Vater gab sich frostig gegenüber Gudrun. Ihre Eltern wurden nie eingeladen. Es kam zu keinem gemeinsamen Zusammensein, selbst dann nicht, als Gudrun und Josef verheiratet waren.

Mittlerweile war die Zeremonie des „um die Hand anhalten" im positiven Sinne erledigt worden. Jetzt durfte Josef sich auch in Gudrun Zimmer aufhalten. Oft ging er erst nach Hause, wenn die Eltern und der jüngere Bruder schon lange schliefen. Aber oftmals mit einer Unterbrechung. Am Wege lag die Gaststätte Küster. Der Inhaber wohnte am gleichen Wege, den Josef auch gehen musste, um nach Hause zu kommen. Oft trank Josef noch einige Gläser Bier, bis alle anderen Gäste das Lokal verlassen hatten und er mit dem Wirt den gemeinsamen Weg nach Hause antrat. Beide, der Wirt und auch Josef, waren meistens stark angetrunken. An solchen nicht seltenen Nächten war die nächste schwere Aufgabe zu meistern, so leise wie eben möglich ins Haus und ins Bett zu kommen. Josef hatte mit der Zeit eine Technik entwickelt, die Haustür, unabhängig von seinem jeweiligen Zustand, fast geräuschlos zu öffnen und zu schließen. Die knarrenden Holzstufen wurden nicht betreten. Nur die einschiebbare Bodentreppe machte manchmal Schwierigkeiten. Heute kann sich Josef nicht vorstellen, nicht gehört worden zu sein.

Der nächste Morgen wurde „natürlich" mit einen ausgewachsenen Kater begonnen, der aber noch keine körperlichen Auswirkungen hatte.

So gingen einige Jahre ins Land. Josef war Verkäufer im Außendienst geworden.

Bier und Schnaps trinken gehörte damals fast zum „guten Ton". Es nahm niemand daran Anstoß. Getrunken wurde immer und zu jedem Anlass. Jeder, auch Josef, fand das völlig normal. Bier war fast ein Nahrungsmittel. Jeder wusste, dass Autofahren mit Alkohol verboten und strafwürdig war.

Allerdings haben sich die, die Bier tranken, wenig darum gekümmert. Polizeikontrollen gab es wenige, und man konnte einigermaßen sicher sein.

Bei Antritt seiner ersten Stellung im Außendienst hatte Josef einen Geschäftswagen zur Verfügung gestellt bekommen, den er auch privat nutzen durfte. Bei einer Sauftour am Tage, statt zu arbeiten, saß Josef mit einem Kumpan an der Theke. Einer von ihnen kam dann auf die „Schnapsidee", in eine Bar zu fahren. Auf der Fahrt passiert es. Josef verlor in einer Kurve die Herrschaft über das Fahrzeug. Unerklärlicherweise sprang die Fahrertür auf, und Josef und sein Beifahrer wurden herausgeschleudert. Das Fahrzeug fuhr schleudernd quer über die Straße gegen einen Brückenpfeiler. Die Polizei stellte „Fahren unter Alkoholeinfluss mit fahrlässiger Körperverletzung" fest. Der Alkohol im Blut wurde mit 2,2 ‰ festgestellt. Die Fahrerlaubnis wurde für ein Jahr eingezogen und eine Haftstrafe von vier Wochen ausgesprochen. Josef wurde das Arbeitsverhältnis gekündigt. Die Reparaturkosten für den Geschäftswagen und alle anderen Kosten sowie u. a. die Krankenhauskosten des Saufkumpans musste Josef bezahlen Als Arbeitsloser mit geringen Einkünften war das schon einschneidend.

Die notwendigen grundsätzlichen Erkenntnisse zog Josef leider nicht aus dieser Situation.

Josef hatte einige Zeit früher einen Unfallwagen für Gudrun gekauft und selbst repariert.

DER EDELMANN VON EIGENEN GNADEN

Josefs Vater, der sich bekannterweise schon immer als „etwas Besseres" empfunden hatte, hatte ein Delikatessversandgeschäft gekauft. Trotz der auslaufenden „Fresswelle" waren die Umsätze noch ganz gut und der Kaufpreis entsprechend hoch. Nun hatte Josefs Vater eine geniale Idee. Er machte den Vorschlag, Josef als Teilhaber und späteren Inhaber in das Geschäft auf zunehmen. Um das erforderliche Startkapital anzusparen, sollte Josef die Hälfte des Gehaltes im Geschäft belassen. Die zweite sollte zur Auszahlung kommen. Josef akzeptierte den Vorschlag, und so hatte er eine neue berufliche Perspektive, glaubte er.

Tatsächlich war die Situation eine völlig andere. Heute weiß Josef, dass der Vater ganz anders kalkuliert hatte. Wenn er den Sohn überreden konnte beim Vater einzusteigen, war die Möglichkeit, Personalkosten zu sparen, sehr groß. Die einzige volle Arbeitskraft aus der früheren Zeit wurde entlassen. Josef verdiente weniger als die fremde Arbeitskraft, und von dem Weniger wurde die Hälfte einbehalten. Noch ein zweiter Aspekt wird für den Vater sehr wichtig gewesen sein. Er hatte nun einen weisungsgebundenen Mitarbeiter, der aus eigenem Interesse keinen Feierabend hatte, geschweige denn Überstunden abrechnete. Josef durfte den gesamten Versand leiten.

In der Praxis hieß das Folgendes: Josef musste die Bestellungen zusammenstellen, verpacken, die Versandpapiere ausfertigen und dann mit seinem eigenen Auto und Gudrun als Fahrerin zur Post verfrachten. Selbstverständlich fand das nach der ordentlichen Arbeitszeit statt. Auch für Gudrun war das Arbeit nach ihrem Feierabend, die natürlich nicht vergütet wurde. Ebenso natürlich wurden die Kosten für das geschäftlich genutzte private Fahrzeug nicht vergütet.

So hatte Josefs Vater eine ideale Arbeitskraft, die er nach Strich und Faden ausnutzen konnte. Langsam glaubte Josef dem Vater nicht mehr, der öfter sagte: „Dir wird das alles ja einmal gehören." Jedenfalls betätigte sich der Vater hauptsächlich als Chef. Er konnte sich ziemlich lange mit der Buchhaltung beschäftigen. Wenn einmal ein Kunde direkt ins Geschäft kam, um etwas zu kaufen, unterbrach der Chef seine wichtige und schwierige Arbeit und bediente den Kunden persönlich.

Josef bekam immer mehr den Eindruck, dass der Vater sich beschäftigte und sein Mitarbeiter, nämlich Josef, die Arbeit erledigte.

So wuchs die Unzufriedenheit stetig an, und die Umsätze sanken. Josef hatte wenig Hoffnung, dass die Übernahme des Geschäftes in Zukunft lukrativ sein würde.

Mittlerweile hatte Josef seinen Führerschein zurückbekommen und wieder ein Inserat in der Schuhfachzeitschrift aufgegeben, in der er eine Position im Außendienst für eine Schuhfabrik suchte.

Josef entschied sich für eine Schuhfabrik in der Nähe von Hof an der Saale.

Bei dem Kündigungsgespräch mit dem Vater wollte Josef die zweite Hälfte des Lohnes für zwei Jahre ausgezahlt bekommen. Über diesen Wunsch war der Vater sehr entrüstet. Er tat Josef gegenüber jedenfalls so, denn er behauptete, eine solche Verabredung habe es nie gegeben. Leider war Josef zu vertrauensselig gewesen. Er hatte den Reden des Vaters geglaubt. Er hätte es nie für möglich gehalten, von seinem Vater so betrogen zu werden. Juristisch hatte Josef keine Möglichkeit, sein Recht durchzusetzen, da kein schriftlicher Vertrag existierte. Die Mutter war über das Zerwürfnis sehr traurig, weil sie ihren Sohn nur noch sehr selten sah. Ob die Mutter über die wahren Gründe des Zerwürfnisses Bescheid wusste, ist Josef nicht bekannt. Offiziell wurde jedenfalls nicht mehr darüber gesprochen.

Durch diesen Vorfall war das sowieso schon schwierige Vater-Sohn-Verhältnis völlig gestört und aus Josefs Sicht nicht zu reparieren. Eigentlich hätte jeder, auch Josef, zu diesem Zeitpunkt es nicht für möglich gehalten, dass ein ähnlicher Betrug in späteren Jahren nochmals möglich wäre.

KEINE KONSEQUENZEN AUS DER VERGANGENHEIT

Inzwischen hatten die Eheleute Gudrun und Josef zwei Kinder bekommen. Gudrun hatte ihren guten Beruf der Kinder wegen aufgegeben und kam ihren Mutterpflichten nach. Das Alkoholtrinken war damals völlig normal. Es machte sich auch niemand irgendwelche Gedanken darüber. Der Schwiegervater kam hin und wieder zu Besuch. Natürlich wurde Bier und Korn konsumiert. Auch Schwager und Schwägerin kamen regelmäßig. Ebenso kamen Freunde zu Besuch oder wurden besucht. Ausnahmslos zu jeder Gelegenheit wurden Bier, Schnaps und das eigene Weinerzeugnis getrunken. Aber nicht nur zu Hause mit Freunden, sondern auch zum Frühschoppen, zum Knobeln oder zum Sparverein wurde in den Gaststätten getrunken. Außer dem morgendlichen Kaffee wurde eigentlich immer getrunken, und das nicht nur von Josef selber, oder in seinem Umfeld, sondern ganz allgemein.

So hatte Josef einen Termin zu einer persönlichen Vorstellung bei der Schuhfabrik in der Nähe von Hof. Josef hatte schon einige Vorstellungsgespräche geführt, und zwar in der Gegend von Stuttgart. Er übernachtete bei seinem Bruder in Augsburg und sollte sich am nächsten Tag, es war ein Samstag, bei der Schuhfabrik vorstellen. Wie auch schon zu früheren Bruderbesuchen wurde heftig gezecht. Noch heute erinnert sich Josef an den Kater und den dazugehörigen heißen, roten Kopf mit den glasigen Augen. So fuhr Josef also los und hoffte keine Fahne mehr zu haben, wenn das Vorstellungsgespräch begann. Zum Zeitpunkt des Starts hätte die Polizei wahrscheinlich einen Promillewert von 1,2 bis 1,5 festgestellt. Das Vorstellungsgespräch verlief positiv. Ob der Chef Josefs Zustand erkannt hat, ist nicht bekannt. Später in der Einarbeitungszeit wohnte Josef in einer Pension in der Nähe der Fabrik. Hier traf sich auch die Geschäftsführung oft zum Skat. Im Trinkverhalten unterschied sich Josef wenig von seinem neuen Chef und der Skatrunde. Die Skatabende fanden meist am Freitagabend statt. Es kann also sein, dass der Chef bei dem Vorstellungsgespräch auch noch Restalkohol hatte. Wie das in Wirklichkeit war, lässt sich nicht mehr feststellen.

Eines aber ist Josef heute klar, sein Verhalten war unverantwortlich gegenüber der Familie, aber auch gegenüber sich selbst.

Zur Übernahme der neuen Schuhkollektion für die jeweilige Saison waren alle Kollegen im Außendienst eingeladen sich einige Wochen im Stammhaus mit der neuen Kollektion zu beschäftigen. Alle wohnten beim „Faitenhansl". So hieß der Inhaber der schon erwähnten Pension.

Der Faitenhansl war ein lustiger Mensch, der stets irgendwelche Anekdoten auftischte. Manchmal aber waren die Geschichten so übertrieben, dass man am Wahrheitsgehalt ernsthaft Zweifel haben konnte. Nicht zuletzt deshalb war das Lokal immer stark frequentiert. Josef und seine Kollegen waren also jeden Abend unter den Gästen zu finden. Es wurde oft und viel getrunken. Nicht nur Bier, sondern auch scharfer Obstler aus der Region. Wie schon erwähnt, war freitags immer Skatabend, aber fast die gesamte Geschäftsleitung kam auch an anderen Wochentagen zum Faitenhansl. An manchem Sonntagvormittag traf man sich auf dem Fußballplatz, um dem örtlichen Verein beim Gewinnen zu helfen. Josef und seine Kollegen waren dazu meistens eingeladen. Nicht selten gab es Treffen zum lustigen Zusammensein in einem einsamen, abgelegenen Forsthaus. Es war sehr romantisch, die Sonne hinter dem Wald untergehen zu sehen. Manchmal konnte man durch den aufziehenden Dunst im Morgengrauen auch die Sonne wieder aufgehen sehen.

Hier spürte Josef erstmals Anzeichen der Alkoholabhängigkeit. Die ersten Schuldgefühle stellten sich ein. In den Nächten hatte Josef die wildesten Träume und Vorstellungen. Er wälzte sich im Bett von der einen auf die andere Seite und konnte schlecht schlafen. Heute denkt Josef, dass dieser Zustand der Beginn eines Deliriums gewesen sein könnte. Ziemlich beängstigend und beunruhigend empfand Josef diese Zustände. Eine diffuse Angst schlich sich ein, und Josef hatte noch keine Ahnung davon, dass er zu diesem Zeitpunkt schon alkoholabhängig war. Das Zittern des ganzen Körpers aufgrund von Alkoholentzug trat noch nicht ein. Josef hatte sich angewöhnt ein oder zwei Flaschen Bier abends mit aufs Zimmer zu nehmen, um den beunruhigenden Zuständen in der Nacht entgegenzuwirken.

Übertags waren solche ähnlichen Zustände leichter zu meistern, denn es war überhaupt kein Problem, nicht nur in der Mittagspause eine Flasche Bier zu trinken. Auch waren die Treffen in der Heizung sehr beliebt. Sich zu einem kurzen Knobeln um eine Runde Bier in der Heizung abzusetzen, war fast üblich und auch möglich. Josef glaubt heute, dass jeder, auch die Chefs, Bescheid wussten und es trotzdem tolerierten.

Josef erinnert sich noch heute an ein Ereignis, das aus seiner heutigen Sicht beschämend und in jedem Falle unverantwortlich war. Zur Übernahme der neuen Kollektion sollte Josef wieder im Werk erscheinen, und zwar an einem Montagmorgen. An dem Sonntag war Josef, wie immer sonntags, zum Frühschoppen unterwegs gewesen. Zum Mittagessen gab es selbstverständlich auch Bier. Als Wegzehrung hatte sich Josef für die lange Fahrt von Bad Oexenhausen nach Schwarzenbach zwei Flaschen des vom Schwiegervater selbst gemachten Fruchtweins heimlich in sein Auto gelegt. Schon nach zweistündiger Fahrt war die erste Flasche geleert. Immer wieder musste Josef unterwegs beim Fahren einen kräftigen Schluck nehmen. Trotzdem Josef stark angetrunken war, hatte er doch noch einen Rest von Verstand und schlief seinen Rausch in einem kleinen Wäldchen in der Nähe der Autobahn so weit wie möglich aus; er kam dann eben nur später beim Faitenhansl an. Glücklicherweise ist niemand zu Schaden gekommen, aber für Josef war es die erste Autofahrt unter Alkohol, die er bewusst als falsch empfand. Allerdings hat Josef keine Lehre daraus gezogen und einfach weiterges ...

Im Leben von Josef war der Alkohol selbstverständlich. Statt Coca-Cola, Apfelsaft oder Limonade wurde, ohne zu denken, selbstverständlich Bier getrunken. Ein anderes Getränk wurde überhaupt nicht in Erwägung gezogen. Und in Josefs Umgebung war es nicht anders. Alle aus der näheren Verwandtschaft, die Ehefrau, alle Cousins und Cousinen, der Schwiegervater, die Arbeitskollegen und alle Bekannten haben damals, ohne darüber nachzudenken, Alkohol getrunken.

Rückblickend kann Josef heute sagen, dass sich sein Alkoholkonsum immer weniger als *Alkoholgenuss* bezeichnen ließ. Irgendwo im Unterbewusstsein spürte Josef diffus, dass etwas begann aus dem Ruder zu laufen. Unter Arbeitskollegen und den Bekannten und bei sogenannten Freunden kamen keine negativen Rückmeldungen über Josefs Trinkverhalten. Nur die Ehefrau Gudrunkonnte wohl am deutlichsten beurteilen, wie Josef immer mehr in die Abhängigkeit abrutschte. Allerdings war ihr nicht bewusst, was sich in der Realität begann abzuzeichnen. Sie hat nämlich, genau wie ihr Vater und Bruder kräftig mitgetrunken.

FAZIT AUS EIGENER SICHT

Heute weiß Josef, dass Alkoholismus eine absolut tödliche Krankheit ist. Es dauert sehr, sehr lange, bis sich jemand totgetrunken hat. Unter Nichtfachleuten kursiert als erste Folgekrankheit die Fettleber. Aber der gesamte Körper und auch Geist verändern sich und brauchen immer mehr von dem Nervengift Alkohol. Nicht nur körperliche Entgleisungen, wie Schwanken, Torkeln und Lallen, sondern auch der Geist und die Psyche werden immer mehr in Mitleidenschaft gezogen. Josef bezeichnet sich heute in der damaligen Situation als nicht zurechnungsfähig. Ihm ist irgendwann ein Vergleich eingefallen, der den ganz „normalen Wahnsinn" ziemlich genau beschreibt. Und zwar, man geht auf einer Straße, wird zum zweiten oder dritten Mal niedergeschlagen und steht trotz der Erwartung, sofort wieder niedergeschlagen zu werden, wieder auf den Beinen.

Dazu zählen auch die brutalen Entzugserscheinungen. Nicht nur das Zittern, sondern auch das schlechte Gewissen, die Angst aufzufallen und die daraus erfolgenden Verhaltensveränderungen. Jedes Mal nach einer Sauforgie nahm sich Josef ernsthaft vor nie, nie wieder Alkohol zu trinken und nun endlich einmal wirklich durchzuhalten. Viel zu schnell hatte Josef die Schwüre vergessen. Als Belohnung für die Trinkpause hat sich Josef „nur einen Korn und ein Pils" geleistet und endete genau da, wo er eigentlich nie wieder hinwollte. So wurde das Hadern mit seiner Person immer mehr. Die Gedanken, Selbstmord zu begehen, kamen Josef oft in den Sinn. Er hatte sich oft genug bewiesen, dass der Vater recht hatte mit seinen Aussagen, er, Josef, sei lebensuntüchtig. Tausendmal versucht, tausendmal ein Rückfall. Besser, er brachte sich um, dann war er für seine Umwelt und für sich selbst kein Ärgernis mehr. Josef empfand sich selbst immer unerträglicher und hat sich auf seiner beruflichen Reise öfter einen Baum ausgesucht, vor den er fahren wollte. Im letzten Moment noch ausgewichen mit der anschließenden Feststellung: „Nicht mal das schaffst du."

LICHT AM ENDE DES TUNNELS

Durch sehr viele Gespräche mit anderen Alkoholikern weiß Josef heute, dass dieser Teufelskreis unausweichlich irgendwann endet. Leider bei der Überzahl der Abhängigen in einer Katastrophe. Die einzige Überlebenschance heißt aufhören mit der Sauferei und wieder oder auch zum ersten Mal leben zu lernen. Aufhören gelingt nur, wenn der Alkoholiker selbst erkennt, wo die Fehler liegen. Wir Alkoholiker sprechen vom Erreichen des Lebenstiefpunktes und vom Erwachen. Von dem Moment des ersten ernsthaften Umschaltens an ist alles anders. Man kann das im Sinne des Betätigens eines Lichtschalters sehen. Vorher war alles dunkel, und nun ist alles hell erleuchtet. Zum Beispiel die eigene Erkenntnis, dass das Leben ohne Alkohol überhaupt möglich ist und dass jeder wieder selbst entscheiden kann. Nach dem Motto „Du, Alkohol, bleibst in deiner Flasche, und ich bleibe nüchtern".

Langsam lernt jeder trockene Alkoholiker wieder selbst zu leben und unabhängig zu werden. Dieser Prozess ist ein langwieriger und erfordert ständiges Lernen. Es macht unbändigen Spaß und innere Freude, sich selbst entwickeln zu sehen. Endlich empfindet man zum Beispiel den Frühling kommen. Für Josef war das ein tief empfundenes Glücksgefühl, die explodierende Natur zu beobachten. Er konnte sich nicht erinnern dieses Phänomen je vorher so intensiv erlebt zu haben. Leben zu lernen ist unwahrscheinlich spannend.

Die Wirtschaftslage in der Schuhindustrie wurde seinerzeit immer schwieriger. Die italienischen Schuhersteller überfluteten den deutschen Markt. Die flotteren Modelle und die günstigeren Verkaufspreise zeigten deutlich ihre Wirkung. Die Umsätze allgemein gingen stark zurück. Josefs Bruder arbeitete derzeit in der Flachdachbranche als Fachberater im süddeutschen Raum. Die Firma expandierte und suchte neue Märkte im Ruhrgebiet. Deshalb wurde entsprechendes Personal gesucht, und Josef hatte dort eine Position als Fachberater für Flachdachmaterialien gefunden.

POTEMKINSCHE DÖRFER

Nach außen sah alles nach einer ganz normalen Familie aus. Verheiratet, zwei Kinder, eine schöne Wohnung, ein guter Arbeitsplatz mit teurem Geschäftswagen. Hinter den Kulissen allerdings war so ziemlich alles anders. Nach einer Sauftour zum Beispiel hatte Josef sehr große Schuldgefühle. Vor lauter Scham hatte er innerlich große Probleme, wieder eheliche Kontakte zu erneuern. Andererseits ist es aber vorgekommen, dass Josef amouröse Abenteuer suchte und sie fand, auch gegen Bezahlung. Solche Exzesse kamen nur unter Alkohol vor und förderten die Scham und das schlechte Gewissen. Fahren unter Alkoholeinfluss war fast normal. Die Angst vor der Polizei fuhr ständig mit. Die Gefahr, erwischt zu werden, bestand fast zu jeder Tages- oder Nachtzeit. Nur zweimal wurde Josef die Fahrerlaubnis wegen Trunkenheit am Steuer entzogen. Bei einer Alkoholiker-Laufbahn von ca. 25 Jahren ist das eine beachtliche Leistung. Fast jeden Tag hat Josef sich selbst, seinen Beruf und seine Familie in Gefahr gebracht. Er hat das auch gewusst und trotzdem so unverantwortlich gehandelt. Vor der Kundschaft und den Mitarbeitern in seinem Unternehmen war Josef der erfolgreiche und geschätzte Verkäufer und Mitarbeiter. Der Unterschied zwischen den beiden Josefs wurde immer deutlicher und unerträglicher, doch aufhören konnte Josef nicht. Das Theaterspielen zur Vertuschung der wahren Umstände nahm immer mehr zu. Wenn Josef „arbeitsfähig" sein sollte, gehörte immer mehr Alkohol dazu. Wenn das Zittern der Hände abnahm, wurde die Alkoholfahne immer deutlicher, wurde es die Angst, damit aufzufallen, auch. Oft schon morgens, vor Antritt der Reise, war die Sucht so groß, dass schon jetzt eine Dose Bier, ein Jägermeister oder auch Korn heimlich und schnell in der Garage, damit die Frau nichts merkte, heruntergestürzt wurde. Josefs Arbeitgeber stellte jedem Reisenden ein Kontingent an Werbemitteln zur Verfügung. Eigentlich gedacht für die zu besuchenden Handwerksmeister und Gesellen auf der Baustelle zur Kontaktpflege. So hatte Josef ständig die Möglichkeit zum Trinken, musste jedoch aufpassen, dass das Werbebudget nicht auffällig früh aufgebraucht war.

Josef bildete sich damals ein, nicht aufgefallen zu sein. Heute kann er sich nicht mehr vorstellen, dass diese Annahme zutreffend war. Vielmehr glaubt Josef heute, dass Kunden und Mitarbeiter die Alkoholausdünstungen und das Zittern der Hände höflich ignoriert haben. Bei einer Verkaufstagung z. B. konnte Josef vor Zittern im Entzug die gestellten Fragen kaum leserlich niederschreiben. Trotzdem wurde dazu rücksichtsvoll geschwiegen.

Unter normalen Bedingungen hätte sich die gesamte Lage gut entwickeln können. Josefs Vater hatte einen fälligen Bausparvertrag zur Verfügung gestellt. Deshalb wurde ein Grundstück gekauft und die Bauplanung begann. Josef hatte ja berufsmäßig nicht nur mit Dachdeckermeistern, sondern auch mit Architekten und Mitarbeitern von Bauämtern zu tun. So konnte die Bauplanung fachlich kompetent und trotzdem preiswert geschehen. Josefs Beziehungen zu Herstellerfirmen ermöglichten günstige Materialpreise. Bald war das Haus bezugsfähig.

Auf einem Dachdeckerinnungsfest lernte Josef einen auch sehr trinkfreudigen Dachdeckermeister näher kennen. Auf jeden Fall wurde irgendwann beschlossen eine GmbH für Bekiesung von Flachdächern zu gründen. Der Plan war, die Dachdeckerbetrieben unangenehme Arbeit des Bekiesens von Flachdächern in Lohnarbeit an eine Firma mit Autokran abzugeben Die gegründete GmbH konnte zu günstigeren Preisen anbieten, als der Dachdecker kalkuliert hatte.

Es kamen also zwei teurere Entscheidungen zum Tragen. Einerseits die finanzielle Belastung durch das Haus und andererseits das finanzielle Risiko der GmbH.

Trotz dünner Kapitaldecke lief das Geschäft gut an. Der Autokran war auf Kredit gekauft. Die Ratenzahlungen, die Löhne für die Arbeiter wurden ordnungsgemäß gezahlt, ebenso die Steuern.

Zwei Ereignisse in enger zeitlicher Abfolge traten ein. Um den Kies rationeller und schneller an Ort und Stelle zu transportieren, hatte Josef Transportkarren mit größeren Gummirädern konstruieren lassen, die circa eine Kranschaufel Kies fassten. Vorn an den Karren waren Gummiwülste, ähnlich denen bei Lkws hinten, angebracht. Diese sollten das Flachdach schützen. Der Gummiwulst und nicht das nackte Metall des Karrenrahmens sollte auf das Bitumendach oder das Foliendach treffen.

Bei einem zu bekiesenden Foliendach auf einer Schule in den Sommerferien wurde die Folie des Daches durch eine defekte Karre praktisch alle vier Quadratmeter perforiert. Restfeuchte wanderte in die Wärmedämmung ein. Erst als es regnete, wurde das Ausmaß des Schadens sichtbar. Nicht nur das Flachdach musste erneuert werden, sondern auch die Klassenräume und Flure mussten renoviert werden. Insgesamt ein Versicherungsschaden von über 150.000 DM. Zusätzlich stellte sich heraus, dass die junge GmbH aber nur bis ca. 80.000 DM. Schaden versichert war. Josefs junge Firma konnte das nicht auffangen und ging in die Insolvenz. Es gab einen Konkurs mangels Masse. In der Zeit der Konkursabwickelung trat das zweite Ereignis durch Josefs Verschulden ein. Auf einer Fahrt zu einer neuen Baustelle wurde Josef von der Polizei gestoppt und wegen Verdachts auf Alkohol im Straßenverkehr auf die nächste zuständige Dienststelle gebracht. Der Verdacht erhärtete sich. Die Fahrerlaubnis wurde sichergestellt und Josef auf die Straße entlassen. Er bestellte sich ein Taxi und ließ sich nicht, wie wahrscheinlich ein normal denkender Mensch, nach Hause, sondern bis in die Nähe eines Fahrzeugs fahren, um dann mit dem eigenen Fahrzeug nach Hause zu fahren. Heute weiß Josef, dass das ein Teil des „ganz normalen Wahnsinns" ist.

ERSTE BESCHÄFTIGUNG MIT DEN EIGENEN PROBLEMEN

Arbeitslos und ohne Fahrerlaubnis hätte das normale Menschen vielleicht zum Aufwachen gebracht. Für Josef war die Zeit noch nicht reif. Er musste noch einige Jahre weiter versuchen sich totzusaufen. Selbst das vom Arzt verschriebene Antabus half nur so lange, wie die Tablette wirkte. Josef kann sich an grausamste Entzugserscheinungen erinnern. Das Zittern der Hände, Schweißausbrüche und schlimmste moralische Kater vernichteten jedes positive Denken. Josef hatte eine Mauser-08-Pistole von seinem Großvater vererbt bekommen. Er saß in seinem Büro im Keller, und es plagten ihn wieder einmal Selbstmordgedanken. In diesem Moment glaubte er, dass alle erleichtert wären, wenn er sich jetzt erschießen würde. Das Büro war mit einem grünen Velourteppich ausgelegt. Gegenüber dem Schreibtisch stand der alte Wohnzimmerschrank in Nussbaum furniert. Durch seinen Sinn für Farbharmonie kam Josef zum Bewusstsein, dass der Farbkontrast zwischen Nussbaum, grünem Teppich und seinem Blut völlig unpassend sei. So lächerlich es auch klingen mag, durch diese banale Überlegung ist Josef aufgewacht und hat die Wahnsinnstat nicht wahr gemacht.

Das grundsätzliche Erwachen fand nicht statt. Allerdings keimt in Josef doch langsam der Gedanke, dass mit seinem Alkoholkonsum etwas nicht stimmte, denn sonst hätte er ja aus freien Stücken aufhören können. Nie wäre er zu diesem Zeitpunkt auf den Gedanken gekommen, dass gerade das ein Symptom der Sucht ist. Er hielt sich eher für charakterschwach und unfähig normal zu leben.

Ohne den sogenannten „Idiotentest" erlangte Josef seine Fahrerlaubnis zurück und konnte wieder aktiv werden. Ziemlich problemlos bekam er wieder eine Position als Fachberater in der Flachdachbranche. Er konnte seine alten Kontakte nutzen, und es hätte alles in Ordnung sein können, wenn der Alkohol in seiner Flasche geblieben wäre.

Woher das Buch kam, weiß Josef heute nicht mehr. Der Titel lautete „Mein Name ist Adam, ich bin Alkoholiker". In diesem Buch hat Josef heimlich gelesen und bekam Parallelen zu seinem eigenen Leben vor Augen geführt, über die er sich sehr wunderte. Aber immer noch nicht brachte ihn das zu der Einsicht, selbst Alkoholiker zu sein.

Die jetzige Firma war in Hamburg angesiedelt, und Josef musste jeweils Freitag ins Stammhaus nach Hamburg fahren. Es war nicht selten, dass Josef zu spät zum verabredeten Termin kam. Die Kollegen hatten seine Fahne und die glasigen Augen sicher bemerkt, aber höflich geschwiegen.

Eines Tages sollte Josef in einem Bauamt mit seinem Chef zusammen einen Fachvortrag halten. Zwei Stunden vor diesem Termin saß Josef noch an der Theke seiner Stammkneipe und war schon ziemlich angetrunken und eigentlich nicht mehr fahrfähig. Der Chef übernahm Josefs Vortrag mit der Maßgabe, sich zurückzuhalten. Ob Josefs Zustand trotzdem aufgefallen war, oder nicht, weiß Josef nicht. Nach dem Vortrag fuhren Josef und sein Chef in das Hotel, wo Josef am Tag vorher ein Zimmer bestellt hatte. Als der Chef seinen Koffer aufs Zimmer brachte, war Zeit genug, zwei große Schwenker Weinbrand herunterzustürzen, bevor der Chef wieder in den Gastraum zurückkehrte. Dieser hatte Josef geraten auch ein Hotelzimmer zu mieten und dann am nächsten Tag nach Hause zu fahren.

Allein die Vorstellung, beim morgendlichen, gemeinsamen Frühstück seinem Chef mit zitternden Händen gegenübersitzen zu müssen, reichte aus, um eine Übernachtung vehement abzulehnen. Dann sollte wenigstens Josefs Frau Gudrun kommen und Josef abholen. Diese fuhr nicht gern bei Nacht und noch weniger bei Regen. So brachte sie den Sohn mit. Die durch eigene Schuld entstandene Situation war Josef so peinlich, dass er sich noch heute dafür schämt. Was alles beredet wurde, erinnert Josef nur undeutlich. Jedenfalls landete Josef im häuslichen Bett. Am nächsten Tag holte er sein Fahrzeug vom Parkplatz des Hotels ab. Um nicht mehr zu zittern, kaufte sich Josef unterwegs in einem Supermarkt eine kleine Flasche Korn, Taschenformat, und kam bei seinem Auto schon wieder angetrunken an. Die Heimfahrt war der reinste Horror. Heute glaubt Josef, er habe damals den Beginn eines Deliriums erlebt. Er hat nämlich hinter jedem Brückenpfeiler auf der Autobahn und hinter jedem Baum Polizei gesehen, auch Streifenwagen mit Blaulicht. Heute weiß Josef, dass nur die panische Angst real war. Kein Streifenwagen, keine Polizei, wahrscheinlich eben Beginn eine Delirs. Auf dieser Horrorfahrt ist Josef auch seine Prahlerei vor dem Chef wieder eingefallen. Er hatte nämlich seinem Chef großmäulig erklärt, dass er ja sowieso nicht mehr lange für ihn arbeiten würde, da er bald die Geschäftsführung einer neu gegründeten Baustoffhandlung übernehmen würde.

Die Vorwürfe seiner Frau Gudrun noch in den Ohren kam die folgende Überlegung: Der Chef aus Hamburg wird mich entlassen. Die Baustoffgroßhandlung im jetzigen Zustand zu führen ist unmöglich. Allein die tägliche Anreise zum neuen Arbeitsplatz schien Josef unmöglich. Er sah nun endlich die Ausweglosigkeit seiner Situation ein.

DIE ANONYMEN ALKOHOLIKER

Ein Bruder von Josef hat Psychologie studiert. An den wandte er sich und erzählte erstmalig vorbehaltlos von seinem bisherigen Leben. Der Bruder schlug einen Vertrag vor, den Josef akzeptierte. Josef sollte mindestens an sechs Meetings der AA (Anonyme Alkoholiker) teilnehmen, und er, der Bruder, würde rund um die Uhr für den Notfall bereitstehen.

Josef wusste nun, dass sein weiteres Leben so nicht weitergehen konnte. Die trockenen Alkoholiker glauben, dass der Tiefpunkt erreicht werden muss. Eine Situation, die mit Alkohol ausweglos ist und ohne Alkohol unvorstellbar.

Der Vertrag mit dem Bruder wurde eingehalten. Josef rief bei einer Gruppe der AA an und wurde zu einem Meeting eingeladen. Zu diesem Zeitpunkt hatte Josef keine Ahnung, wo diese Meetings in aller Regel stattfinden. Er wusste also nicht, dass sie meistens in Gemeindehäusern stattfinden. Jetzt sollte Josef ins Martinihaus kommen. Seine Zweifel und Vorbehalte begannen schon damit, dass Martini ja ein alkoholisches Getränk ist und er ja eigentlich aufhören wollte mit dem Trinken. Alkoholiker waren in Josefs Augen minderwertige Menschen, die sich nicht beherrschen können und deshalb „saufen". Was also war das Martinihaus und was geschah dort? Josef stellte sich ein altes, dunkles Hinterhofhaus vor, wo Außenwendeltreppen aus rostigem Eisen zu den einzelnen Etagen führten. Beleuchtet wurden sie durch lose an den Drähten hängende Glühbirnen, die fahles Licht ausstrahlten.

Josef sollte sich also mit minderwertigen Menschen zusammensetzen, die vielleicht zusammen soffen, um das Leben auf diese Weise erträglicher zu machen.

Das alles wollte Josef aushalten, um endlich vom Trinken wegzukommen.

Zu dem genannten Termin fuhr Josef in die Stadt, suchte das Martinihaus und konnte es nicht finden. An der angegebenen

Adresse fand Josef nur eine Kirche und davor einen Parkplatz. Er sprach eine Passantin an und fragte nach dem Gebäude, wo die AA ihre Meetings abhielten. Sie sagte, das sei das Gemeindehaus der Martini-Gemeinde und er stehe direkt davor. Die Kirche sei die Martinikirche. Josef war völlig erschüttert. Diese positive Erschütterung steigerte sich im Laufe des denkwürdigen und alles ändernden Abends noch mehrmals.

Das Martinihaus war ein stattliches, gepflegtes und pompöses älteres Haus mit einer großen, messingbeschlagenen, schweren Eingangstür. Als Josef die schwere Tür aufzog, öffnete sich eine Eingangshalle, hell gestrichen, mit einer breiten Treppe nach oben. Ebenso war ein Aufzug vorhanden. Das also war das Martinihaus, was so gar nicht Josefs falschen Vorstellungen entsprach. Von oben klang fröhliches Gemurmel und manchmal auch Gelächter an seine Ohren. Es wusste nicht, wie er dies alles einordnen sollte. Es war doch nicht möglich, dass „Alkoholiker" so lustig sein konnten, ohne Alkohol. Es war wie ein fröhliches Fest. Josef nahm also den Lift in den zweiten Stock. Das fröhliche Gemurmel war nun lauter und kam aus zwei Räumen. Josef betrat einen Raum und wurde sofort freundlich gefragt, wo er denn hinwollte. Die Anonymen Alkoholiker seien im Raum nebenan, hier hielten die Angehörigen von den Alkoholikern ihr Meeting. Als Josef den Raum der Alkoholiker betrat, wurden die Erschütterung und das Unverständnis komplett. In dem Raum hielten sich Menschen auf, die fröhlich miteinander sprachen, scherzten und lachten.

Josef konnte es nicht fassen. Diese Menschen sollten alle Alkoholiker sein. Auch Frauen waren dabei, aber keine Person machte den Eindruck, je auf einer Parkbank, zugedeckt mit einer Zeitung, geschlafen zu haben.

Pünktlich begann das Meeting. Alle nahmen am langen Tisch Platz. Das Meeting begann traditionell mit sogenanntem Gelassenheitsspruch. Einer der Teilnehmer nahm Wortmeldungen entgegen, und so aufgefordert hat jeder von sich erzählt. Zum Beispiel wie die Person zum Trinken gekommen war und wieder aufhören konnte. Oftmals hat sich Josef während dieses ersten Meetings gefragt, woher die Menschen ihn kannten, obwohl er nicht aus dieser Stadt kam. Es wurde nämlich oft Josefs Geschichte erzählt. Es war auch verwunderlich, dass diese Menschen über Josefs größtes Problem und größtes Geheimnis so offen sprechen konnten. Ergebnis dieses ersten Meetings war: Wenn die Anwesenden beim ersten Meeting es geschafft hatten, nicht mehr trinken zu müssen, dann schaffst du das auch.

Josef besuchte nicht nur die verabredeten sechs Meetings, sondern ging, und manchmal auch zweimal, jede Woche in ein Meeting. Mit der Zeit hatte er den Eindruck, das Leben noch einmal neu zu beginnen. Alles änderte sich. Josef sah bald sich selbst, die Beziehung zu seiner Frau sowie zu seinem Vater. Alles um ihn herum erschien in einem neuen und bisher nicht gekannten Licht.

Zum ersten Mal nahm er das explosionsartige Erwachen der Natur bewusst wahr. Viel später, bei einer Urlaubsreise, kam er auch in die Stadt, in der sein früherer Arbeitsplatz war. Er konnte sich nicht erinnern, dass er in einer so schönen Landschaft gearbeitet hatte. Es kam ihm so vor, als wäre er nie dort gewesen. Selbst der Weg von der Pension zur Fabrik kam ihm ziemlich unbekannt vor. Josef hatte also seine Umwelt und wahrscheinlich auch sich selbst nur mit seinen alkoholischen Scheuklappen gesehen.

In den Meetings fühlte sich Josef völlig gleichwertig und akzeptiert Alle waren freundlich, es gab keinen Streit, und trotzdem wurde vorbehaltlos von den schlimmsten Ausfällen aufgrund von Alkoholismus berichtet. Das war alles neu für Josef, aber er hatte schnell begriffen, dass jeder nur von sich sprach. Trotz der vielen Parallelen in den Abläufen der Krankheit fühlte sich niemand angegriffen. Durch das offene Berichten über manchmal die intimsten Situationen entstand eine für Josef bisher nie gekannte Vertrautheit.

Einmal ist Josef über sich selbst sehr erschrocken gewesen, denn bei einem Bericht, der ihn besonders beeindruckt hatte, war ihm spontan der Arm hochgeschnellt, und er hatte sich zu Wort gemeldet. Er wusste nicht, was er gesagt hatte, aber er wusste, mit welch unsicherer Stimme und dass er mit zitternden Händen geredet hatte. Sein Beitrag wurde nicht kritisiert, genauso wenig wie die Wortmeldungen von allen anderen Teilnehmern. Eine völlig neue Erfahrung für Josef. Er wurde selbstsicherer, meldete sich öfter zu Wort, und es machte große Freude, sich selbst verändern und entwickeln zu sehen. In der ersten Zeit ohne Alkohol wachte Josef manchmal morgens auf und musste sich erst klar werden, dass sein Rückfall, Gott sei Dank, nur ein Traum war. Selbst die Tagesabläufe veränderten sich. Keine Gedanken mehr daran, wie man am unauffälligsten an den nächsten Kasten Bier, an die nächste Flasche Korn kommt. All die Schwierigkeiten beim Einkauf waren auf einmal wie weggeblasen. Schwierigkeiten, die schon damit anfingen, dass Josef das Geld schon abgezählt in der Hand haben musste, um es nicht erst an der Kasse aus der Geldbörse zu fingern, wobei die zitternden Hände auffielen. Diese Ängste verschärften noch die Entzugserscheinungen. Überdeutlich wurden sie Josef jeweils beim Abholen und Unterschreiben der neuen Bankkarte. Wenn der Alkoholspiegel zu hoch war, reichte das schmale Unterschriftsfeld nicht aus, um eine ordentliche Unterschrift zu gewährleisten. Waren Entzugserscheinungen im Spiel, konnte eine Unterschrift wieder nicht gelingen, wegen der zitternden Hände. Wenn Josef sich beobachtet fühlte, verstärkte sich das Zittern so sehr, dass Schreiben unmöglich wurde. All das fiel nun weg. Die Alkoholblase war geplatzt. Alles hatte sich vorher um Alkohol gedreht. Die Beschaffung, die Fahne, die glasigen Augen und die unauffällige Entsorgung des Leergutes waren zunehmend kein Thema mehr. Josef musste dieses neue Leben erst lernen. Das war nicht immer einfach, aber er spürte jeden Tag deutlicher, dass es sich lohnte.

All die Jahre war Josef der Meinung, dass immer nur er selbst schuld an ehelichen Streitigkeiten war. Jetzt, ohne Alkohol, stellte sich heraus, dass weiterhin genauso gestritten wurde. Außerdem registrierte Josef jetzt den Alkoholkonsum seiner Frau Gudrun deutlich. Jetzt erst wurde ihm klar, dass seine Frau grundsätzlich negativ eingestellt war. Sie war zum Beispiel nicht fürs Reisen zu begeistern. Als die Bauplanung begann, war sie natürlich dagegen und hatte ihre Einwendungen, zum Teil auch berechtigt, denn es war natürlich ein Risiko, ohne ausreichende finanzielle Ausstattung nur auf die Beziehungen in der Baubranche setzend, ein Haus zu bauen. Trotzdem ist Josef das Risiko eingegangen und hat den Alkoholkonsum in der Bauzeit tatsächlich eingeschränkt.

Gudrun und Josef waren mittlerweile Eltern von zwei Kindern. Der Bauplatz lag nicht sehr weit von der damaligen Wohnung entfernt. So hätte Gudrun schon auf der Baustelle helfen können. Was allerdings in aller Regel nicht geschah. So änderte sich das eheliche Verhältnis langsam.

Eines Tages, als Josef auf dem Weg zu Post war, fiel ihm eine kleinere Frau auf, die vor ihm ging. Er fragte sich, was das wohl für eine graue Frau war, die dort mit schief gelaufenen Sportschuhen und viel zu kurzer Hose vor ihm ging. Bei genauerem Hinschauen kam dann der Schock. Diese Frau war Gudrun, seine Frau. So hatte Josef sie noch nie bewusst gesehen. Wieso ihm diese Veränderung in der Vergangenheit nicht aufgefallen ist, konnte sich Josef nur damit erklären, dass er mehr mit seinem Alkoholproblem beschäftigt gewesen war. Vielleicht hatte sie auch resigniert. Josef war wieder einmal sehr beschämt über sein früheres Verhalten.

Jetzt wäre der richtige Zeitpunkt gewesen, darüber zusprechen, aber es war bereits zu spät. Das hatte Josef auf dem Weg zur Post erkannt.

Durch die Gruppenbesuche bekam Josef neue Eindrücke. Er bekam Einblicke in das Leben vieler Frauen, die Schwierigkeiten mit ihren Partnern hatten oder selbst Alkoholikerinnen waren. Josef war in der Gruppe langsam selbstsicherer geworden und traute sich schon über sein eigenartiges Verhältnis gegenüber dem anderen Geschlecht zu sprechen. Er hatte allgemein, aber hauptsächlich gegenüber Frauen den Eindruck, es stünde eine unsichtbare, gläserne Wand zwischen ihm und seinem Gegenüber. Er hätte so gerne den einen oder die andere in die Arme genommen. Selbst wenn er auch den Eindruck hatte, dass das auch vom

Gegenüber gewollt war, konnte Josef nicht über seinen Schatten springen, und das hat ihn sehr belastet.

An einem Meeting hatte Josef über dieses Problem gesprochen, und am Ende des Meetings wurde er fast von jeder Frau fest in die Arme genommen. Von da an war das Eis gebrochen. Die Teilnehmerinnen am Meeting hatten die gläserne Mauer eingerissen.

Josef fing langsam an sich kennenzulernen und auch endlich zu mögen.

Es gab jedes Jahr das deutschsprachige Ländertreffen. Das fand meistens in der Aula einer Universität statt. Podiumsdiskussionen waren üblich. Um Wortmeldungen zu übertragen, standen Mikrofone in den Gängen zwischen den Stuhlreihen. Wer also mitdiskutieren wollte, musste vor dem Mikrofon und für alle sichtbar seinen Beitrag zur Diskussion abliefern. Josef kann sich erinnern, dass er bei dem Thema „Alkoholismus und Sexualität" ums Wort gebeten hatte und seinen Beitrag zur eigenen Zufriedenheit abgeben konnte. Bei einem solchen Treffen, diesmal im Congress Centrum Berlin hat Josef von ganz unten vom Rednerpult aus erklärt, wie es für ihn möglich war, dort vor circa sechstausend Alkoholikern und Angehörigen zu sprechen. Und zum Abschluss dieser gravierenden Lernphase gehörten auch zwei Wortmeldungen im Radio von einem ÜWagen aus. Einmal ging es um schwule Männer mit dem damals populären Oswald Kolle und beim zweiten Mal um die theoretische Frage, wer die besseren Liebhaber seien, Männer oder Frauen.

Josef hatte sich bewiesen, dass solche Auftritte selbst für ihn möglich waren, dem sonst vor lauter Hemmungen der Angstschweiß ausbrach, wenn er vor Publikum auftreten musste.

Josef hatte in Bad Oexenhausen mittlerweile eine neue AAGruppe ins Leben gerufen. Mit Unterstützung einiger AA-Freundinnen und Freunde lief die Gruppe gut. Auch eine Gruppe Angehöriger gesellte sich dazu.

ANNA

Nach einem gemeinsamen Meeting (AA und Angehörige) im tiefsten Winter startete das Auto einer Angehörigen nicht. Josef und Gudrun halfen und nahmen die durchgefrorene Anna zum Aufwärmen mit nach Hause. Anna kam bald öfter zu Besuch. Josef vermutete bald, dass die Besuche nicht nur Gudrun galten. Man verabredete sich über tags. Annas Ehemann, ebenfalls ein Alkoholiker, musste arbeiten. Da Josef im Außendienst arbeitete, war es kein Problem, sich mit Anna an irgendeinem Platz zu treffen, wo sie ungestört alleine waren.

Anna war eine attraktive, rothaarige Frau mit vielen Sommersprossen. Josef wusste durch die vielen Meetings und durch die privaten Gespräche, dass Anna durch ihrem noch trinkenden Ehemann massiv unter Druck gesetzt wurde. Sie fand das in zunehmendem Maße als unerträglich. So suchte sie einen Gesprächspartner, mit dem sie über ihre Situation sprechen konnte. Anna tat Josef sehr leid. Eines Tages rief sie Josef an und war außer sich. Es habe wieder einmal Streit gegeben und sie sei unterwegs zum Bahnhof, um sich dort vor einen Zug zu werfen. Beide trafen sich an dem betreffenden Bahnhof, und Josef hatte einige Mühe, sie davon abzubringen. Sie blieben den übrigen Tag zusammen.

Aus dieser Situation entwickelte sich eine zunächst platonische, persönliche Beziehung. Da Ehefrau Gudrun sowie Anna bei der Gruppe der Angehörigen waren, fanden zwischen den beiden Frauen intensive Gespräche statt, auch in der Wohnung von Gudrun und Josef. Zuerst war das auch legitim.

Allerdings entwickelte sich aber bald eine intime Beziehung. Annas Besuche zu Hause waren nun nicht mehr legitim, wurden aber trotzdem fortgesetzt. Bei beiden, bei Anna und Josef, war die Ratlosigkeit groß. Einerseits zogen sich beide wie Magnete an, wussten aber gleichzeitig, dass es nicht redlich war. Anna war aber alles das, was Josef sich immer erträumt hatte. Sie gab

Josef das bisher nie gekannte Gefühl, geliebt zu werden. Anna war zärtlich und anschmiegsam. Nie hatte Josef ein so intensives Gefühl der Zusammengehörigkeit gefühlt wie in dieser Zeit. Auch im intimsten, dem sexuellen Bereich erfuhren beide nie gekannte Höhepunkte.

Trotz aller Vorsicht flog irgendwann die Beziehung auf. Wieder wurde Anna so massiv unter Druck gesetzt, dass sie die Beziehung beenden wollte. Josef sollte das akzeptieren und konnte es nicht. So kam die erste Trennung zustande. Es sollte nicht die letzte sein. Josef fühlte sich außerstande zu arbeiten, ist fast den ganzen Tagen tief erschüttert und heulend umhergefahren und konnte die Trennung nicht akzeptieren. Anna ging es nicht anders. Ob Josef oder Anna, jedenfalls hat einer von beiden irgendwann zum Telefon gegriffen, und sie waren wieder vereint.

Ehefrau Gudrun hatte noch keine Ahnung von der neuen Beziehung, und Josef hatte ein fürchterlich schlechtes Gewissen und wünschte sich oft, alles ungeschehen zu machen. Das war allerdings schier unmöglich, denn dann hätte Josef Anna nicht mehr sehen dürfen.

Die alte Weisheit, die da lautet „Der Verräter schläft nie" traf auch Anna und Josef.

Anlässlich der Übernahme eines neuen Geschäftswagens wollte Josef Anna mitnehmen. Das war taktisch noch kein Fehler. Ein Fehler war es allerdings, Geld von der Bank an Annas Wohnort abzuheben. Josef wusste bis dahin nicht, dass Gudrun Josefs Kontoauszüge kontrollierte. Gudrun hat dann eins und eins zusammengezählt, und die Blase war geplatzt.

Einerseits war Josef erleichtert darüber, dass das Versteckspiel nun endlich vorüber war. Anderseits hatte sich weder Josef noch Anna Gedanken darüber gemacht, wie es nun weitergehen würde.

Anna trennte sich von ihrem Ehemann und zog mit ihren beiden Kindern in eine andere Stadt.

Josef hatte sich von seiner Frau getrennt. Gudrun und die Kinder blieben in dem neu gebauten Haus. Josef nahm ein möbliertes Zimmer in der Nähe. Der Plan war, das Haus zu behalten.

Gudrun sollte sich an den Kosten, soweit sie gekonnte hätte, beteiligen. Das wurde von ihr abgelehnt, und so musste das Haus verkauft werden. Durch Josefs Beziehungen in der Baubranche und die Eigenleistungen war das Haus sehr kostengünstig gebaut worden. Weil der gesamte Plan nun gescheitert war, forderte der Vater die Summe des Bausparvertrages zurück. Nach Rückzahlung der Bausparsumme und der Rückzahlung des Kredites blieb noch eine kleinere Summe übrig. Frau Gudrun bestand wegen der im Gesetz verankerten Zugewinnsgemeinschaft auf der Verrechnung des Überschusses zu fünfzig Prozent. Gudrun Rentenanteile an Josefs Rente wurden verrechnet. Bei der Scheidung wurde Josef für Gudrun und die Kinder zu Unterhalt verpflichtet. So hatte Josef annährend die gleichen Kosten wie vor der Scheidung, nur jetzt ohne Eigentum.

Nachdem Anna umgezogen war, verbrachte Josef fast jedes Wochenende mit Anna und deren Kindern.

Im Beruf entwickelte sich alles zum Positiven. Josef hatte eine neue Position als Fachberater für einen Hersteller von Mineralfarben gefunden. Gleich bei der Einstellung hatte er seinem späteren Verkaufsleiter mitgeteilt, dass er trockener Alkoholiker sei. Das wurde positiv registriert.

Es war für Josef eine ganz neue Materie, eine ganz neue Welt der Mineralfarben. Nach gründlicher Einarbeitung machte er die Fachberatung der Architekten und der Malermeister. Auch Denkmalämter starteten Anfragen. Josef glaubte nun endlich einen zufriedenstellenden Beruf gefunden zu haben, in dem er sich völlig zu Hause fühlte.

Es schien sich alles zum Guten zu entwickeln. Mit Anna war es die schönste Zeit. Gemeinsam wurden Reisen unternommen. Einmal sogar ins damalige Jugoslawien oder in einem selbst hergerichteten Land Rover nach Marokko.

Josef hatte sich einen Traum aus seiner Jugendzeit erfüllt und sich ein Motorrad gekauft. Wie erträumt, musste es eine BMW R 100 S sein.

Anna ist eine Frau, die so ziemlich alles mitmacht und auch Spaß daran hat. So ist sie gern und oft auf dem Motorrad mitgefahren.

Die Sportfliegerei war ein weiterer Jugendtraum von Josef und er hat ihn sich erfüllt. Nach zwei Jahren Ausbildung in Theorie und Praxis war die Lizenz unter Dach und Fach.

Anna und Josef unternahmen viele Flüge an interessante Orte in Deutschland. So erinnert sich Josef noch deutlich an viele Fliegerfreizeiten in Kulmbach oder nach Wyk auf Föhr. Es war einfach eine glückliche Zeit, auch ohne Alkohol. Der spielte keine Rolle mehr.

Wodurch sich Anna und Josef verloren haben, liegt wahrscheinlich bei Josef. Nicht am Altersunterschied (zwölf Jahre) und auch nicht an den Kindern.

Vielleicht hat Anna ja recht mit einer ihrer damaligen Aussagen. Sie sagte nämlich: „Du musst Verantwortung übernehmen." Vielleicht hat Josef diese tiefe Beziehung nicht als das gesehen, was sie wirklich war. Vielleicht war Josef noch nicht so weit genesen von seinen Kinder- und Jugenderlebnissen. Vielleicht war auch die zeit- und geduldraubende Genesung vom Alkoholismus noch nicht genügend fortgeschritten. Vielleicht, vielleicht, vielleicht.

Trennungen hat Josef, nach Aussagen von Anna, viermal versucht, aber nicht durchgehalten. Der Zwiespalt der Gefühle hat das verhindert. Einerseits konnte Josef ohne Anna nicht leben, und andererseits wollte er auch frei sein. Heute weiß Josef, dass eine Beziehung keine einseitige Wochenendveranstaltung sein kann.

Trotz aller Trennungen und neuer Beziehungen beiderseits hat Josef Anna nicht ganz aus den Augen verloren. Es bestehen nach wir vor Kontakte.

Anna hat Josef sehr geholfen, sich zu erkennen. Sie hat Josef gelehrt, was Zuneigung und Zärtlichkeit bedeutet. Josef wird es nie vergessen. Und sie auch nicht. Diese so intensive Beziehung gehört jetzt zu Josefs normalem Leben.

Anna hat erheblich dazu beigetragen, ein Leben ohne Alkohol zu führen. Gerade in den ersten Jahren des „Trockenseins" war Anna eine große Stütze.

Die späteren Partnerinnen von Josef haben von dieser „Lehrzeit" profitiert.

EPILOG

Heute bin ich dankbar dafür, dass mein Leben sich so gravierend geändert hat. Ich habe gelernt, mich zu mögen und mich zu hinterfragen. Ich habe gelernt mir selbst sicher zu sein, was nicht heißt, dass ich jetzt der Meinung bin, alles richtig zu machen.

Ich danke auch allen, vor allen Dingen den AA-Freundinnen und Freunden, die mir manchmal recht konsequent und drastisch auf den heutigen Weg geholfen haben.

Der Autor

Jürgen Eichmeyer, Jahrgang 1939, absolvierte nach der Volksschule eine Lehre im Schuhgroßhandel. Zusätzliche Lehrgänge an der Schuhfachschule in Pirmasens folgten. Da die Talente aber eher im Praktischen lagen und mehr Interesse an Menschen als an Bürotätigkeiten bestand, verlegte er sich nach dem Kaufmannsgehilfenbrief erfolgreich auf den Außendienst, wo er, unterbrochen auch von Branchenwechsel, bis in die Verkaufsleitung aufstieg.

Zu Eichmeyers Lieblingsaktivitäten zählen Reisen, Motorradfahren und Luftsport. Besondere Fähigkeiten liegen in allen handwerklichen Bereichen.

Abgesehen von einem Bolivien-Reisebericht sind die „Innenansichten eines Alkoholikers" Eichmeyers erste Buchveröffentlichung.

Der Verlag

„ *Wer aufhört besser zu werden, hat aufgehört gut zu sein!*

Basierend auf diesem Motto ist es dem novum Verlag ein Anliegen, neue Manuskripte aufzuspüren, zu veröffentlichen und deren Autoren langfristig zu fördern. Mittlerweile gilt der 1997 gegründete und mehrfach prämierte Verlag als Spezialist für Neuautoren in Deutschland, Österreich und der Schweiz.

Für jedes neue Manuskript wird innerhalb weniger Wochen eine kostenfreie, unverbindliche Lektorats-Prüfung erstellt.

Weitere Informationen zum Verlag und seinen Büchern finden Sie im Internet unter:

w w w . n o v u m v e r l a g . c o m

Bewerten Sie dieses Buch auf unserer Homepage!

www.novumverlag.com